Wenn die Sonne durch die Seitenfenster von San Spirito di Firenze
fällt, wirft sie markante längliche Schatten an den Säulen der
Kirchenschiffe. Säulen, die entfernt an jene riesigen Lamellen vor
der großen Fensterfront im Haus 2 der Berliner Staatsbibliothek
erinnern. Sie brechen das Licht der Abendsonne so, dass sich das
Lindgrün des Teppichbodens in den Lesesälen als noch linder, das
Weinrot der Stuhlbezüge als noch samtiger erweist.

Mit solchen Vergleichen sucht der 2. Band der Memoiren, Hans
Scharoun, dem genialen Baumeister der Bibliothek am Potsdamer
Platz, auf die Spur zu kommen. Wer hätte gedacht, dass es sich
um ein fast sakrales Gebäude handelt. Der Leitung des Hauses
wird empfohlen, den damit verbundenen Maßstäben wenigstens
annähernd gerecht zu werden.

Erik v. Grawert-May
Unternehmensästhet aus der Lausitz, lebt in Berlin und Potsdam
www.grawert-may.de

Cover und Layout: Cornelia Agel
© Foto Umschlag (Santo Spirito di Firenze): Sailko
© Foto Schmutztitel (Staatsbibliothek zu Berlin): Lessormore

Herstellung und Verlag:
BoD - Books on Demand, Norderstedt 2017
ISBN 9783744848237

Erik v. Grawert-May

HIMMLISCHER GLANZ

Aus den Memoiren eines Doppelgängers
Band 2

Eine Bibliothek im Zwielicht

Für
Manuela
Simon und Robert
und
K.

INHALT

I. Irrfahrten.. 11
  Neue Seeroute.. 12
  Geschönter Scharoun..................................... 18
  Aldi als Elbwesen....................................... 24
  Japanische Kuben.. 30
  Exkurs: Menschen im Hotel............................... 35

II. Dante als Wegweiser..................................... 39
  Von Aldi zum Kapitol.................................... 40
  Vom Kapitol auf den Aventin............................. 46
  Von Rom nach Florenz.................................... 50
  Die grüßende Beatrice................................... 54
  Beatrices Tod... 58

III. Entrée ohne Charme.................................... 65
  Die grußlose Direttrice................................. 66
  Ortlose Organisation.................................... 71
  Serviceunternehmen als Vorreiter?....................... 76
  Wir Epigonen.. 81

IV. Zurück nach Italien.................................... 83
  Von Berlin auf den Palatin.............................. 84
  Bibliotheca Apollinis................................... 88
  Scharouns Santo Spirito................................. 93

V. Land und Himmel.. 99
  Sakrale Barock-Vorbilder............................... 100
  Frühe Aquarelle als Blaupause.......................... 106
  Organisch organisiert: das Kulturforum................. 112

I. IRRFAHRTEN

NEUE SEEROUTE

Rom, am Ende des ersten Bands, war nicht das falsche Ziel – ob mit oder ohne Wagners *Tannhäuser*, mit dessen Bußfertigkeit ich mich identifizierte, um meiner Reue über die verlassene Geliebte aus frühen Hamburger Jahren Herr zu werden. Zwar misslang es mir gründlich, aber das lag nicht an Rom. Es lag an dem Weg, den ich einschlug. Bekanntlich führen ja viele Wege in diese Stadt, doch man sollte nicht jeden, der sich gerade anbietet, begehen. So jedenfalls das vorläufige Resümee, das ich aus den verschiedenen Kritiken der Leser von *Himmlischer Glanz. Die Memoiren Martin Mosebachs*, geschrieben von seinem Doppelgänger gezogen habe.

Anders als ich beim Schreiben von Band 1 vermutete, fand sich tatsächlich ein Verlag, der ihn publizierte. Seit geraumer Zeit hatte ich nur für die Schublade geschrieben. Nun aber meldeten sich plötzlich Kritikerinnen und Kritiker zu Wort, die alle etwas daran auszusetzen hatten, obwohl sie im ganzen schonend mit mir umgingen. Die einen meinten, ich hätte das Private ruhig ausbauen sollen, die anderen, ich sei damit zu weit gegangen. Das hatte ich im Stillen befürchtet.

Hätte ich vorab alle Kritiken beherzigt, wäre der erste Band, der bei mir unter dem Arbeitstitel *Einstieg ins Paradies* firmierte, ein sehr schmales Buch geworden. Schmaler als sowieso schon. Bedeutend schmaler. Dass ich es Memoiren nannte, Memoiren des Mannes, mit dem ich im Haus 2 der Berliner Staatsbibliothek verwechselt worden war, ließ man noch gelten. Die meisten waren sich jedoch darin einig, ich dürfe einem etwaigen zweiten Band nicht denselben Untertitel geben. Manche gingen sogar so weit zu behaupten, ich hätte es nicht nötig, mich hinter M.M. zu verstecken, da es sowieso nicht seine, sondern meine Memoiren seien. Deshalb störe an manchen Stellen sogar der Bezug zu ihm.

In einer Hinsicht kommt mir diese Kritik gelegen. Natürlich malte ich mir manchmal aus, wie es denn wäre, wenn ich aus den Memoiren des Frankfurter Schriftstellers irgendwann meine eigenen machen würde. *Irgendwann* hieß, vielleicht ab dem dritten oder vierten Band. Aber nicht schon ab dem zweiten. Dass es mehrere Bände werden könnten, schien mir irgendwie klar. Es gibt keine Memoiren in einem Band. Wenn aber doch, dann scheint das memorierte Leben nicht eben sehr viel hergegeben zu haben. Memoiren müssen sich mindesten über vier, fünf Bände erstrecken, dachte ich. Hat nicht Kissinger, nur als Beispiel, sogar sechs gebraucht? Sie stehen, noch ungelesen, in einem Regal bei mir zuhause.

In anderer Hinsicht kommt mir diese Kritik gar nicht gelegen, da sie einen dazu verführt, sich zu wichtig zu nehmen. Von vorneherein befrachtet man seine eigene Schreibweise mit einer zu großen Hypothek. Das Beispiel Kissingers belegt, wie schnell man sich da übernehmen kann. M.M.s Memoiren schrieben sich ja gerade deshalb zügiger als alles, was ich bisher geschrieben hatte, weil ich mich im Zweifel an jemandem festhalten konnte, dessen Wert über jeden Zweifel erhaben war. In seinem Schatten ließen sich Dinge sagen, die ich ohne ihn nicht zu äußern gewagt hätte. Es bedrückt mich, seiner Stütze nun gänzlich beraubt sein zu sollen.

Nicht nur die Kritiken sprechen indes dafür, meinen Text unter anderem Vorzeichen fortzusetzen, also, ohne einen großen Schriftsteller als stützendes Geländer zu missbrauchen. Festhalten kann man sich auf diesem Schiff, in dem ich wieder an einem der oberen Decks Platz genommen habe, nahezu überall. Ich brauche nur einige Schritte zu tun, und schon bietet mir eine der vielen Relings, die den mächtigen Schiffsraum durchziehen, Halt. Eine weitere Überlegung zwingt mich dazu, künftig in eigenem Namen anzutreten. Sie bezieht sich auf den Schriftsteller selbst.

Nicht, dass er sich gegen die Veröffentlichung „seiner" Memoiren gesträubt hätte. Sehr willfährig war er aber auch nicht grade. An meinem jungen, erfrischend sympathischen Verleger kann es nicht gelegen haben. Er fragte frühzeitig bei M.M. an, ob ihm die Sache genehm sei, bekam aber längere Zeit nichts zu hören und danach auch nur hinhaltende Antworten.

Aufgrund einer wundersamen Koinzidenz wird der Wolff Verlag, bei dem ich mit meinen Memoiren schließlich landete, von M.M. gefördert. Meinem Verleger blieb deshalb gar nichts anderes übrig als bei seinem Förderer vorstellig zu werden, sonst wäre womöglich die Förderung gefährdet gewesen. Insofern waren alle Beteiligten nur gut beraten, das Urteil des Betroffenen abzuwarten. Würde er einem von fremder Hand verfassten Text über das eigene Leben zustimmen können?

Manche, die M.M. näher kannten, meinten, er verfüge wohl nicht über genügend Humor, um sich darauf einzulassen. Da sich die Angelegenheit über mehrere Monate hinzog, befanden sich alle Beteiligten in einer Art Hängepartie.

***

Wie sich später herausstellte, war M.M.s Zögern weder mangelndem Humor, noch einer besonderen Widerständigkeit geschuldet. Er saß bloß an seinem neuen Marokko-Roman, *Mogador*. Mein Verleger wusste bereits, dass M.M. sich monatelang außer Landes aufgehalten hatte, um von allen heimischen Unannehmlichkeiten verschont zu bleiben. Außerdem gehörte es schon zur Tradition, dass sich der Romancier gern in Regionen begab, in denen sich die romanesken Ereignisse, die er beschreiben wollte, abspielten. Es schien ihn diesmal jedoch nicht nach Marokko, sondern nach Griechenland verschlagen zu haben.

Als von ihm endlich das Plazet zur Veröffentlichung seiner Memoiren kam, war es für mich fast eine Genugtuung zu erfahren, dass sich seine Zusage wegen *Mogador* verzögert hatte. Mochten auch weitere Gründe dafür verantwortlich sein – sie fielen kaum noch ins Gewicht. Das einzig Missliche, wenn überhaupt, lag in dem um ein Jahr verspäteten Erscheinen von *Himmlischer Glanz* auf dem Büchermarkt. Unter diesem Obertitel sollten die Memoiren herauskommen.

Himmlischer Glanz – erst auf Umwegen kam ich dazu. Zunächst hatte ich die Version *Einstecktuch und Ärmelschoner* gewählt – eine für mich typische Verkennung. Ich fühlte mich nachträglich an Patrick Elff, den Protagonisten von *Mogador* erinnert, einen jungen Frankfurter Banker, der schnell Karriere gemacht und sich dabei überhoben hatte. M.M. charakterisiert ihn als einen anmaßenden Mann, unter dessen Äußerem nur die Unsicherheit lauerte, die er vergeblich zu bezwingen suchte. Mosebach ist da eine Figur gelungen, die stellvertretend die gesamte Bagage der Bankmanager, wie sie in der weltweiten Finanzkrise von 2008 zum Vorschein kam, in einer Figur zusammenfasst: allesamt wackelnde Gestalten, die ein ganzes System erfolgreich ins Wanken bringen.

Nicht, dass ich glaubte, es mit solcher Personnage aufnehmen zu können. Den Kern ihrer Charakterstruktur aber schien auch ich aufzuweisen. Mein erster Arbeitstitel spielte auf das Äußere M.M.s an, das ich mir hauptsächlich von Fotos aus dem Internet zusammenreimte. Da fiel mir sein Einstecktuch ins Auge. Es durfte offenbar nie fehlen. Ebensowenig die Ärmelschoner, die ich schon immer an Prinz Charles zu etepetete fand. Nun also auch an Mosebach. Wie töricht war aber nicht die Konsequenz, die ich daraus zog: als Doppelgänger über mein Double herzuziehen, anstatt froh zu sein, mit einem Autor seiner Statur verwechselt zu werden. Ich musste nicht lange in mich gehen, um zu erkennen, dass ich auf einem Holzweg war.

Da denkt man am Abend, so manche charakterliche Schwäche schon lange überwunden zu haben, und am Morgen wacht man auf mit einer Kinderkrankheit. Als ob der Schlaf alles bisher errungen Geglaubte wegwischte, um infantilen Allmachtsfantasien erneut das Feld zu überlassen.

Es kostete mich an die dreißig Seiten, bis ich merkte, dass ich auf der faschen Fährte war. Ich löschte das Ganze und fing noch einmal von vorne an. Nun unter dem Titel *Himmlischer Glanz*. Sehr bald wurde mir klar, mit welcher Kapazität ich es zu tun hatte und in welche lichten Regionen ich entführt werden würde: endlich nicht mehr das Kleinklein des Nahbereichs, in dem man am Anzug des anderen herumkrittelt, sondern ferne Horizonte, offene See. Das war die neue Route, die ich einschlug.

Diese Route muss ich nicht mehr ändern und werde ich auch

nicht mehr ändern, was immer meine Kritiker dagegen einwenden mögen. Doch sie haben recht, von mir eine neue Haltung zu verlangen. Mich als einen Fahrgast zu begreifen, der sich nicht ständig am Rockzipfel M.M.s festhält. Es kann für Martin Mosebach nicht angenehm sein, jedenfalls auf Dauer nicht, ständig für sein Leben von jemand anderem in Anspruch genommen zu werden, selbst wenn nicht seine Biografie, sondern sein Werk im Vordergrund steht. Es gibt ein Recht darauf, vor Stalkern geschützt zu werden, auch dann, wenn wie hier lediglich literarisches Stalking betrieben wird. Keine Kurskorrektur also, nur eine Korrektur des Verhaltens an Deck.

Eine meiner Kritikerinnen, deren Urteil mir besonders am Herzen liegt, ist die Literaturexpertin und erotologisch ausgerichtete Autorin Manuela Reichart. Schon vor Jahren hatte sie im WDR wohlwollend eines meiner früheren Bücher besprochen, wofür ich ihr bis heute dankbar bin. Durch sie lernte ich ihren Sohn, den althistorisch fundierten Theaterredakteur und empfindsamen Stilisten Simon Strauss kennen, über ihn schließlich meinen smarten Verleger und pfiffigen Galeristen Robert Eberhardt. Es ist nicht so, dass ich den zweiten Band nur für diese drei Personen schriebe, aber ohne sie hätte ich vielleicht das ganze Vorhaben aus Mangel an Lesern frühzeitig abgebrochen.

Unterdessen ist eine vierte Person hinzugekommen. Sie zeichnet für den neuen Untertitel *Aus den Memoiren eines Doppelgängers* verantwortlich. Obwohl sie den ersten Band gar nicht gelesen hat, erkannte sie im Gespräch darüber schnell meine Notsituation, nicht genau zu wissen, wie und als wer ich eigentlich weitermachen sollte. Ihren Vorschlag empfand ich wie eine Erlösung, auch weil er den mir so teuren Memoiren-Titel rettete. Ich brauchte nicht mehr in erster Linie über mich als alter ego von Martin Mosebach zu schreiben, auch nicht über mich als einen, der sich persönlich zu wichtig nimmt, sondern nur über jemanden, der verwechselt wurde.

M.M. ist fürs Erste aus dem Spiel, auch wenn er im Hintergrund seine für mich bedeutsame Rolle weiter besetzt hält. Für diesen Befreiungsschlag danke ich meiner findigen Nichtleserin vielmals und füge der Widmung dieses Bandes ihre Initialen behende hinzu: K.W. Leider durfte ich ihren ganzen Namen nicht nennen.

GESCHÖNTER SCHAROUN

Manuela Reichart drängte mich nicht nur am entschiedensten, mich schreibstrategisch von Martin Mosebach zu lösen, sie wollte auch mehr über die Bibliothek erfahren, in der ich mit ihm verwechselt wurde. Inzwischen weiß ich, warum. Für sie hatte in frühen Jahren der Besuch einer Berliner Stadtteilbibliothek lebensprägend gewirkt. *Die Magie,* schrieb sie unlängst, *das Versprechen dieses Ortes,* alle Bücher von A bis Z zu lesen, habe sie *nie verlassen. Ohne diesen Besuch* wäre sie *vielleicht eine andere geworden.* Und ich – hätte sie vielleicht nie kennengelernt. Sie hätte nie ein Buch von mir besprochen, ich wäre weder ihrem Sohn noch meinem Verleger je begegnet. Nur zu gerne komme ich deshalb ihrer Neugier nach, da meine Memoiren auf Gedeih und Verderb mit dem Bau der Staatsbibliothek verbunden sind.

Bereits bei der Präsentation des ersten Bandes machte mich Gerwin Zohlen, ein versierter Analytiker urbaner Verwicklungen, auf die Untiefen aufmerksam, in denen dieser Bau vor Anker liegt. Seine Nutzer sind ihnen unmerklich ausgeliefert. Dem hatte ich beim *Einstieg ins Paradies* nicht genügend Beachtung geschenkt. In einem erhellenden Artikel Zohlens über das Kulturforum, dessen gesamte Ostseite die Bibliothek einnimmt, wird die ganze *Bandbreite* erkennbar, zu der dieser monumentale Baukörper gehört – das Wort *Bandbreite* in sinnlicher und übertragener Bedeutung.

Es ist ziemlich normal, wenn man das Äußere eines Gebäudes, in dem man täglich zu tun hat, außen vorlässt. Man schaut allenfalls von innen nach außen, nimmt aber nur das wahr, was sich dem Auge zwanglos offenbart. Im Fall der Staatsbibliothek hat man von der breiten Fensterfront aus einen prächtigen Blick, sowohl zu den Bauten gegenüber: Philharmonie etc., wie auch in die Ferne – bis zur Siegessäule mit der goldenen Victoria auf ihrer Spitze.

Den Auto- und Busverkehr unmittelbar vor der Fensterfront hatte ich im 1. Band zwar noch erwähnt, ihn auch den Absichten Scharouns entsprechend als einen durch ein Tal dahinströmenden Fluss beschrieben, aber wohin dieser Fluss fließen sollte, war mir keine weitere Erwähnung wert. Ich dachte nur so weit, wie mein Auge reichte. Dabei wird das ganze Ausmaß des Verkehrs erst deutlich, wenn man den Ausschnitt der Fensterfront hinter sich lässt.

Da sollte, wenn es nach Scharoun ging, nicht nur *ein* Fluss fließen, sondern viele, und sie sollten sich ganz in der Nähe der Bibliothek kreuzen, um den aus den verschiedensten Richtungen anschwellenden Verkehr zu leiten. Und zwar möglichst so zu leiten, dass es für den mit dem Auto kommenden Besucher der Bauten am Kulturforum ein Leichtes wäre, die jeweilige kulturelle Stätte zu erreichen. Mit einem Wort: Der Verkehr sollte diese Bauten berühren. Parkplätze inklusive.

Die erst 1984 aufgegebene Westtangente, gegen deren Lärm das Magazin der Bibliothek, ihr riesiger Bücherbuckel, gerichtet war, sollte auf der Ostseite des Gebäudes diese Funktion erfüllen. Eine der ersten Bürgerinitiativen Berlins hat sich erfolgreich dagegen gewehrt. Doch die Westtangente war in der Konzeption Scharouns nur eine unter vielen. Das nördlich der Bibliothek gelegene Autobahnkreuz sollte sie aufnehmen, dort, wo früher der ansehnliche Kemperplatz gelegen hatte. Heute ist an dieser Stelle zwar kein Autobahnkreuz zu sehen, dafür befindet sich dort das Maul des Tiergartentunnels.

Das Verdienst des Artikels von Zohlen ist es, die Dimension der Ströme, die Scharoun im Sinn hatte, wieder in Erinnerung gerufen und sie in dessen Gesamtplan von Berlin eingeordnet zu haben. Es ging diesem so schiffsbegeisterten Mann um nicht weniger als eine gigantische Stadtzerstörung, für die ihm der Zweite Weltkrieg gerade recht gekommen war. Was der nicht dem Erdboden gleichgemacht hatte, das wollte er als Architekt vollenden. Zohlen zieht treffsicher die Parallele zur tabula rasa von CIAM, des *Congrès International d'Architecture Moderne* von 1925, wo Le Corbusier mit seinem *Plan de Paris* Furore machte. Er hätte der Kapitale des 19. Jahrhunderts das Totenglöckchen geläutet.

Scharoun wäre mit Spree-Athen genauso umgesprungen. Die Anspielung auf dessen Stadt-Land-Fluss-Spiele in meinem *Einstieg ins Paradies* war zwar nicht völlig falsch, doch ich verfehlte die Dimension seines *Plan total.* Sie ging mir im Inneren des Baukörpers verloren. Ich vergaß, dass dieses Schiff ein Teil des oben erwähnten *Bandes* war. Eines geistigen Bandes. Es sollte sich materiell vom Alexanderplatz über das Kulturforum bis zu den Museumsbauten in Charlottenburg erstrecken und das Konzept der Stadt-Zonierung untermauern: Wirtschaftliches Band, kulturelles Band und so weiter. Wen bei dem Begriff der *Moderne*, die der CIAM propagierte, noch nicht fröstelte, dem lief es angesichts einer so totalen Vernichtung überkommener städtischer Strukturen spätestens jetzt eiskalt über den Rücken.

***

Wieso die Propagandisten des Zonen-Gedankens von diesem *Band* so fasziniert waren, dass sie ihm gleich ganze Städte unterwarfen, ist mir nicht geläufig. Ich tappe noch im Dunkeln, denke an das Aufkommen der funktionalen Architektur, die möglicherweise außer den Gebäuden auch den Städten Funktionen zuordnete und damit das neue architektonische Agens totalitär erweiterte: *form follows function* als Allroundprinzip. Aber es ist nicht totalitär. Das Wort ist viel zu harmlos und auch zu politisch, um den Vorgang zu erfassen. Vom CIAM bis zu Hans Scharoun zieht sich der rote Faden einer einheitlichen architektonischen Gesinnung. Sie ist eher außer- oder apolitisch und – modern. Kurzum: verhängnisvoll.

Wenn es so wäre, würde sich leichter erklären lassen, warum sich Funktionen nicht nur an der Gestalt städtischer Gesamtkomplexe und der von Gebäuden ausprägten, sondern sich auch im Inneren der Räume fortsetzten. Das ist jedenfalls die Absicht Hans Scharouns in der Staatsbibliothek gewesen. Sein Büro-Kollege, Edgar Wisniewski, der den Bau nach dem Tod des Flussschiffbauers 1972 im Sinn des Meisters fertigstellte, hat dessen leitende Gedanken aufgegriffen und in der Festgabe zur Eröffnung des Neubaus 1978 zusammengefasst. Danach besteht sein Innenraum nicht mehr aus dem einen, überschaubaren Lesesaal, wie man ihn aus barocken Bibliotheken kennt, schon gar nicht aus einer mittelalterlichen Klause, vielmehr löst er sich in ein fortlaufendes *Band* ineinander übergehender Säle auf.

Man kann Scharoun nun nicht genug für diese sich aneinanderreihenden Räume loben. Das Lob gilt nicht minder Edgar Wisniewski, vielleicht ihm sogar noch mehr, da keine ausgefertigte Skizze des großen Nautikers, sein letztes Mammutprojekt betreffend, vorliegt. Er hatte, wie Zohlen bemerkt, mit der Philharmonie sein Meisterwerk geliefert und an den Folgebauten nur noch ein halbes Interesse bekundet. Gleichviel, diesem faszinierenden *Band* von Lesesälen ist, wenn ich es richtig einschätze, das immense Freiheitsgefühl zu verdanken, welches der Nutzer gleich beim ersten Betreten spürt. Man ist in sie aufgenommen wie in einen Strom. Man strömt irgendwie dahin – Flanieren wäre zu wenig. Wer weiß, ob nicht jener königliche Gang, den ich einer Nutzerin in Band 1 abzusehen glaubte, letztlich von diesem Strömungsgeschehen inspiriert war. Ihre Art zu gehen hatte auch etwas Schläfriges, ja Somnambules an sich, als verströmte sie sich.

Dieses Freiheitsgefühl hervorzubringen, war von vorneherein beabsichtigt, so wieder Wisniewski. Damit überträgt sich der Strom des *Bandes* von außen, vom vermaledeiten Autobahnkreuz, nach innen und entfaltet dort seine mehr als wohltuende Wirkung. Das ist meisterhaft gemacht. Und diesem Transfer, dieser Transformation der Außenströme in den Binnenbereich der Bibliothek ist vielleicht das Vergessen dessen, was draußen passiert, geschuldet – wenn ich mich nicht wieder täusche. Wo man sich so wohlfühlt wie dort, denkt man nicht an das Verhängnis, obwohl es wie ein Damoklesschwert über einem schwebt.

Darüber hinaus spielt das Moment des Bergens eine nicht zu unterschätzende Rolle. Den beiden artverwandten Architekten war bewusst, dass sie ihr Gebäude in eine Brache bauten.

Einzig das Haus des Fremdenverkehrs von 1942 hielt noch eine Zeit lang die Stellung, bis es 1964 abgerissen wurde und seinen leergeräumten Platz den neuen Baumeistern für die Umsetzung ihrer monströsen Fantasien überließ. Mit einer Fortführung neoklassizistischen Stils, der in der Epoche des Faschismus' zur Blüte kam, hatten sie nichts im Sinn. Scharoun verstand sich mit seinen organförmigen Bauten, so Zohlen, als Antitypus Albert Speers, vor allem als Gegner von dessen Planung einer Berliner Nord-Süd-Achse. Ihm behagte dagegen das Chaos, das Ungerade, das gestaltlos Amorphe der vorgefundenen Situation. Um so mehr legten die beiden Büropartner im Binnenbereich Wert darauf, sich geborgen zu fühlen. In einem chaotischen Umfeld kann man nicht studieren, nicht lesen und schon gar nicht schreiben.

Freiheit und Geborgenheit sollten sich nach dem Willen des Architektenpaars ergänzen. Fast jeder Tisch bekam sein eigenes Licht. Viele standen einzeln da und stehen da noch heute, wie eine Insel, auf der jeder isoliert in seiner kleinen Welt für sich ist. Nur die Bücher, die man vor sich auftürmt, führen einen in die Weite. Und wenn man aufsteht, um an die nach diversen Wissenszweigen im Raum verteilten Handbibliotheken zu gelangen, begegnet man den anderen Lesern, die auf der Suche nach ihrem eigenen Platz oder ihrem eigenen Buch sind. Da kreuzen sich alltäglich während der Öffnungszeiten permanent die Wege, und es entsteht jenes Menschengewirr des bereits in Band 1 beschriebenen Marktes.

Was ich nicht wusste, war, dass die beiden Gestalter diesen Markt längst vorgesehen hatten. Wörtlich ist in der Zusammenfassung Wisniewskis von einem überdachten Marktplatz die Rede, wobei das Dach wie eine Wolke gebildet sein sollte. Man hält sich also in der Bibliothek quasi unter freiem Himmel auf, obwohl zugleich geborgen an seinem Platz oder an zu freierer Handhabung eingerichteten Lesetischen, an denen legere Sessel zu leichterer Lektüre, etwa einer Zeitung oder Ähnlichem einladen.

Mit den auch in Band 1 erwähnten Büchergärten ergibt sich somit eine Szenerie, in der das Motiv der (Stadt-)Landschaft, dem sich draußen der Ort der Bibliothek verdankt, drinnen aufgenommen wird. Auf einmal befindet man sich als Nutzer dieses Hauses inmitten einer City, im Zentrum. Es fehlt nur eine Kirche, in deren unmittelbarer Nachbarschaft sich ursprünglich die Messen und Märkte angesiedelt hatten.

ALDI ALS ELBWESEN

Wenn man die Staatsbibliothek nicht zugleich als Heiligen-schrein betrachtet, obgleich sie ohne weiteres als ein Bücher-tempel durchgehen könnte, müsste man tatsächlich den Mangel eines Sakralbaus beklagen. Doch das tut nicht not, weil es ihn nun zwar nicht innen gibt, dafür aber außen, sogar direkt gegen-über: die St.-Matthäus-Kirche von Friedrich August Stüler. Sie ist nicht nur von der Fensterfront aus für jeden Leser sofort zu sehen, auch vom Marktgetümmel aus bleibt sie meist im Blick.

Diese klassizistische Kirche in der Manier norditalienischer Romanik, das Kleinod eines Architekten aus der Schinkel-Nachfolge, steht aus Sicht der Bibliothek nahezu im Mittel-punkt des Kulturforums. Sie zentriert die gegenüberliegende Seite – jenseits des Verkehrsflusses der Potsdamer Straße. Das ganze Gebiet um sie herum wird, neben dem Humboldtforum im wiederaufgebauten Hohenzollernschloss, bis ca. 2020 im Mittelpunkt des kulturellen Berliner Interesses stehen.

Es geht um das neu zu errichtende Museum des 20. Jahrhun-derts, das die international bedeutenden Bestände der mittler-weile zu eng gewordenen Neuen Nationalgalerie und der Muse-umsanrainer präsentieren soll (Kunstbibliothek, Gemäldegale-rie), ebenfalls die ansehnlichen Sammlungen privater Mäzene, die bislang ein stiefmütterliches Dasein fristen mussten. Der im November 2014 ausgeschriebene Wettbewerb fiel bekanntlich Ende September 2016 zugunsten des Baseler Büros Herzog & de Meuron aus – eine Entscheidung, die dem Preisgericht zum Teil harsche Kritik eintrug.

Der Skandal bezieht sich auf die langgestreckte Halle, die dem Entwurf der beiden Schweizer Architekten zugrunde liegt. Man fühlt sich an die typischen Barackenbauten der Su-permarktkette Aldi erinnert, die nun in der Mitte Berlins, an seinem heikelsten Platz, dem Unort (Zohlen), ein weiteres ihrer markanten Quartiere aufschlagen darf.

Halt, würden die beiden Schweizer sagen, die Markthalle ist nicht markant, sie ist das Gegenteil. Sie hätten gerade ein wenig auffallendes Gebäude vorgeschlagen, um nicht mit den berühmten Solitären Stülers, van der Rohes und Scharouns in Konkurrenz zu treten. Das wagten sie nicht, es stünde ihnen auch nicht zu – so lauten ein paar Argumente aus der Begründung ihres Wettbewerbsbeitrags.

Die Mitglieder der Jury, wohl ausnahmslos prominente Akteure der Kulturszene, sahen das ganz anders. Sie ließen sich von der *Grundform einer Markthalle oder eines „Festzeltes"* entzücken, die dem *Archetypus des „Hauses"* folge und fanden nicht nur die Bezüge zu den umliegenden Bauten faszinierend, sie lobten auch die *eigenständige Position*, die es zwischen ihnen einnehme. Damit schienen sie den fast demütigen Preisträgern eine nahezu übermütige Attitüde zu bescheinigen.

Wie gut, dass ich nicht zu den Experten gehöre und mir hier oben, auf einer der Galerien der Staatsbibliothek, meine unmaßgeblichen Gedanken machen kann. Wahrscheinlich hat die Kunstrichter nicht so sehr die Gestalt der Markthalle überzeugt, sondern das, was unter ihrem Dach stattfinden soll. Und das mutet in der Tat bestechend an, vor allem die Boulevards und Unterführungen, die sowohl in Ost-West-, wie in Nord-Süd-Richtung verlaufen, also alle Solitäre des Kulturforums miteinander verbinden. Die entsprechenden Zeichnungen dazu erinnern an das grandiose Souterrain des von Ieoh Ming Pei entworfenen Zugangs zum Louvre, nur, dass sich darüber keine Pyramide, sondern eben eine Markthalle à la Aldi erhebt.

Eine weitere Pyramide hätten Herzog & de Meuron natürlich nicht vorschlagen können. Ein Schiff auch nicht. Das gab es ja ebenfalls schon – direkt gegenüber. Mit der Bibliothek wollten sie nicht konkurrieren, obwohl sie einen eleganteren Entwurf als den Scharouns hätten entwerfen können. Warum nicht eine kleine Schwester der Hamburger „Elphi"? Einen Konzertsaal brauchte sie nicht mehr zu enthalten, dafür gab es bereits die Philharmonie Scharouns. Statt eines Aldi hätte es ein glitzerndes

Bötchen werden können, das nun nicht mehr an der Elbe, dafür aber auch an einem Fluss vor Anker ginge, wenn es auch nur der fließende Verkehr der Potsdamer Straße gewesen wäre.

Apropos Glitzern: Die Ausschreibung erging ja anonym. Wer weiß, ob die Jury sich nicht durch die mit Glas versetzten Backsteine der Hallenmauern verführen ließ, deren Transparenz sie in ihrer Begründung extra anführt (und die nun aus Kostengründen sogar wegfallen sollen). Sie lobt die *„perforierte" Haut (…), die auch nachts in den Stadtraum ausstrahlt.* Da habe ich direkt die Elbphilharmonie vor Augen, wie sie dank ihrer gläsern funkelnden Außenhaut am Abend den Hafen und Sankt Pauli beglänzt. Ein Schelm, wer Böses dabei denkt. Doch das helvetische Architektenduo hat schon so oft an Wettbewerben teilgenommen und ist immer wieder mal als Sieger daraus hervorgegangen, dass es mit dem Teufel zuginge, würde man ihren Stil nicht inzwischen sofort erkennen.

Vielleicht bin ich als der Elbestadt seit Kindertagen zugetaner Hanseat und staunender Bewunderer des schweizerischen Konzertschiffs an diesem Punkt zu vorwitzig und unterschiebe dem Preisgericht leichtfertigerweise unlautere Motive. Die nehme ich denn auch sofort zurück und lasse lieber die Denkmalpfleger vor. Ihr Urteil zu dem preisgekrönten Entwurf fällt überraschend aus. Überraschend negativ.

∗∗∗

Denkmalpfleger müssen immer ihren Senf dazugeben. Wie oft hat der schon eine angemessene Pflege verhindert, weil die Ansprüche an das jeweilige Objekt zu hoch waren. Allerdings handelt es sich bei dem Kulturforum um einen Spezialfall. Da können die Ansprüche gar nicht hoch genug sein, damit aus dem urbanen Unort womöglich irgendwann doch noch ein Ort wird, der sich sehen lassen kann.

Herzog & de Meuron sind – das sollte man vor jeder weiteren Kritik an ihnen noch einmal wiederholen –, nicht nur auf den ersten Blick demütig, sondern auch clever an das Bespielen dieser kulturellen Brache rangegangen, weil sie das am

Ufer gegenüber von Scharoun/Wisniewski umgesetzte Prinzip des Marktplatzes aufgegriffen haben. Dass die von ihnen vorgesehene Dachform keine Scharounsche Wolke ist, mag man bemängeln. Die Denkmalpfleger haben sich daran nicht stoßen wollen. Im Gegenteil: Sie loben das Satteldach, da es dem der nahen Kirche ähnele. Aus dem gleichen Grund heben sie lobend die Verwendung der Backsteine hervor, und wie die Jury finden sie an der kreuzförmigen Wegführung Gefallen. Doch sie zeigen sich irritiert durch die schieren Ausmaße des Gesamtkörpers, besonders durch die lange Hauptfront zur Potsdamer Straße, die gegenüber den benachbarten Kulturbauten in dieser Form weder *dialogfähig* noch *feinkörnig* genug erscheine.

Tatsächlich erstreckt sich die Markthalle fast über den gesamten freien Raum des Forums und straft auf den zweiten Blick die Demutshaltung der beiden Basler Lügen. Das war für die Preisrichter jedoch nicht anstößig, ja, sie fanden lobende Worte dafür: Die Leere des Kulturforums werde dadurch gefüllt. Haben sie aber die schieren Ausmaße nicht vielleicht darüber hinaus so betört, dass sie die von der Denkmalpflege zu recht monierte Unfähigkeit zum Dialog stillschweigend in kauf nahmen? In der Ausschreibung stand zwar die Forderung nach einer Kommunikation des Museums der Moderne mit der Neuen Nationalgalerie, zugleich sollten jedoch die Wettbewerber einen Baukörper mit eigener Identität entwerfen. Der lag hier vor: die Markthalle als in höchsten Tönen gepriesener Archetyp des Hauses.

Man wird bei der Ansicht der Entwürfe und der dazugehörigen Legenden den Verdacht nicht los, ja, er erhärtet sich geradezu durch das Urteil der Denkmalpflege, dass der Jury das stolze Schiff im Hamburger Hafen als Leitbau vor Augen stand. Auch Berlin sollte künftig mit einem solchen kulturellen Leuchtturm aufkreuzen und der damit international punktenden Hansestadt wenn nicht den Schneid abkaufen, so wenigstens annähernd mit ihr gleichziehen können.

Auch Pierre de Meuron und Jacques Herzog stehen indes unter dem Verdacht, ihre Demutshaltung am Ende nur vorgetäuscht zu haben, um einen weiteren großen Fisch an Land zu ziehen. 200 Millionen Euro bewilligte der Haushaltsausschuss des Deutschen Bundestages der Stiftung Preußischer Kulturbesitz für diesen Neubau. Auf Initiative der Beauftragten der Bundesregierung für Kultur und Medien, Staatsministerin Monika Grütters. Die Szene war überrascht, dass gleich eine so hohe Summe locker gemacht wurde. Die Ministerin hatte zweifellos gute Arbeit geleistet.

200 Millionen sind nicht nichts. Dagegen sind die knapp 79 Millionen, die die Hansestadt Hamburg zu Beginn für den Bau der Elbphilharmonie auslobte, bescheiden zu nennen, bedenkt man die Größe des Projektes. Dass es dann mehr als zehn mal so teuer wurde, liegt an der anfänglichen Knauserigkeit hanseatischer Geschäftsführung. Alle Projekte dieser Art werden erfahrungsgemäß teurer. In Berlin hat man von Hamburg gelernt und ist gleich großzügiger und dadurch geschickter an die Sache rangegangen. Zehn mal so teuer wird das Museum der Moderne deshalb wohl nicht werden.

Ob dem Kulturforum mit der Markthalle am Ende gedient ist, kann keiner im Vorhinein mit Gewissheit sagen. Zweifel sind wegen ihrer schieren Größe angebracht. Erstaunen muss im Nachhinein, dass auf die Denkmalpflege, die dieses Mal den Finger in die Wunde legte, so wenig gehört wurde. Möglicherweise hält man sich gleich die Ohren zu, weil sie immer was zu meckern hat. Das wäre in diesem Fall vielleicht fatal. Schon einmal hat man sich an diesem Platz, was die Baumassen betrifft, vergriffen. Der Kammermusiksaal Wisniewskis war in den ursprünglichen Plänen bloß halb so groß. Mit seiner doppelten Größe bietet er der Philharmonie die Stirn, statt sich als ihr kleiner Bruder zu bescheiden. Schon dadurch wurde der Dialog zwischen den drei Unikaten Stülers, Scharouns und van der Rohes unterbrochen, worauf wiederum Zohlen hinweist. Statt von Dialog spricht er tiefgründiger von Dialektik, von einer dialektischen Geschichtsachse zwischen diesen Bauten. Er hat ein feines Gespür für die dem Forum zuträglichen Maße.

Mit der Markthalle von Herzog & de Meuron käme ein weiterer Koloss dazu, ein liegender zwar, aber so raumgreifend, dass er dem Unort die Luft zum Atmen nehmen könnte, die er benötigte, um zu einem Ort heranzureifen. Zwar wurde inzwischen da und dort das Ausmaß der Halle reduziert, sie wirkt jedoch noch immer unmäßig. Unter den von der Jury anerkannten, wenn auch nicht mit einem Preis versehenen Entwürfen scheint es dagegen mindestens einen zu geben, der den Platz ausreichend mit Luft versorgen könnte.

JAPANISCHE KUBEN

Um dem Preisgericht gegenüber fair zu bleiben, muss erwähnt werden, dass es dem Siegerentwurf nicht nur huldigte. Es hatte an ihm auch etwas auszusetzen. Wenigstens an einer Stelle, dem Raum zwischen St.-Matthäus-Kirche und der Halle. Das – inzwischen auf die Kritik hin erweiterte – Gässchen, das da von Herzog & de Meuron gelassen werde, sei zu eng. In dem Punkt schließen sie zur Denkmalpflege auf. Nur an der Länge der Hauptfront hat es nichts zu bemängeln. Da dient das Haus als Lückenbüßer. Aber vielleicht wird während des Umsetzungsprozesses auch dort noch auf Kürzung gedrungen, um dem anhaltenden Hagel an kritischen Stimmen etwas entgegenzusetzen.

Weniger Kritik würde vermutlich ein anderer Entwurf auslösen – der gläserne Kubus von Kazuyo Sejima und Ryue Nishizawa. Er weist keine Füllfunktion auf, obwohl seine gesamte Kantenlänge, das nicht gläserne Fundament mit inbegriffen, ebenfalls reichlich raumgreifend ist. Der bloße Glaskörper nimmt sich dagegen ziemlich zurück und scheint auf die außer Maß geratenen Bauten auf dem Gelände schon rein materiell zu reagieren. Glas ist zwar auch in van der Rohes Neuer Nationalgalerie bestimmend, ebenso aber Stahl. Das japanische Modell muss nur aus ersterem bestehen. Seine hochgradig transparente und dazu flache Konstruktion scheint dem Gedanken gänzlich abzuschwören, Baumasse, die sich gegen die bereits vorhandenen Massen auf dem Platz behauptet, darstellen zu wollen.

Es ist genau diese Eigenart, die der Jury missfallen haben dürfte. Sie bemängelt den hohen Anteil von unterirdischen Räumen, die das Museum im Vergleich zur Gartenlandschaft deutlich zurücktreten ließen, was nicht im Sinne der Wettbewerbsaufgabe sei. In der Tat spielt sich unter dem Boden das meiste museale Geschehen ab, sonst hätte der Kubus über dem

Boden nicht seine zurückhaltende Höhe behalten können. Dafür umgibt er sich mit einem Park voll Bäumen, der sich bis zum Kammermusiksaal, ja, sogar über die Straße rüber bis zur Staatsbibliothek hinzieht, was gewiss nicht im Sinne der Ausschreibung ist.

Das Museum der Moderne steht für die Jury im Vordergrund. Als Bau mit eigener Identität. Da darf der Park, der ihn umgibt, sich nicht nach vorne drängeln. Vielleicht schreibe ich diese Zeilen zu Unrecht. Vielleicht spielt mir meine Japanofilie hier nur ein Schnippchen. Vielleicht hänge ich deshalb zu sehr an der Idee des Parks. Die Gartenlandschaft Sejimas und Nishizawas, die sich für die Jury unziemlich in den Vordergrund drängt – könnte sie nicht das Kulturforum, das Zohlen nach wie vor als Schimäre bezeichnet, von seinem Schicksal erlösen? Könnte sie nicht die Ursache für die Einöde, die Idee der Landschaft auf städtische Gebilde zu übertragen, beheben, indem sie sie wieder zum Ursprung zurückführt und das Gelände endlich in eine urbane Adresse verwandelt?

Die Jury hat in dem Park durchaus einen lebendigen Treff- und Kommunikationspunkt für die Stadt und das Kulturforum erkannt, ihm jedoch offenbar nicht die Priorität eingeräumt, die ihm aus stadthistorischer Sicht gebühren könnte. Und aus baren Platzgründen. Der Gedanke an einen eigenständigen Museumsbau stand der Jury im Weg. Sie hätte dafür die Forderung nach einer eigenen Identität des Gebäudes fallen lassen müssen. So konnte sie sich nicht dazu entschließen, dem japanischen Entwurf die Ehre eines Preises zukommen zu lassen.

Tatsächlich erfüllt das Modell die Anforderungen des Preisgerichtes nicht. Der Kubus trumpft nicht auf, er duckt sich eher weg. Er scheint die Tugend eines Ninja-Kriegers zu verkörpern: sich zu verstecken bzw. sich unsichtbar zu machen.

***

Ein weiterer japanischer Entwurf macht auf sich aufmerksam. Er will sich zwar nicht wie der zuvor genannte wegducken, greift aber die Form des Kubus auf. Statt sich unsichtbar zu machen und knapp im Erdboden zu verschwinden, wirft er sich zu einer ansteigenden Fläche auf, die eine Art Hügel darstellen will. Der von den Entwerfern für flach gehaltenen städtischen Silhouette wird eine sich nach oben wölbende Skulptur entgegengesetzt, die begehbar ist und die unterschiedlichsten Ausblicke in die Umgebung des Kulturforums gewährt. Nicht transparentes Glas ist das vorherrschende Material. Der Hügel kommt kompakt daher, ist jedoch, trotz etwas größerer Ausdehnung als sein ninja-artiges Pendant, ähnlich schlicht gehalten. Wohl hat er eine eigene Identität, reizt sie aber nicht aus und umgibt sich wie das Modell seiner Kompatrioten mit einer Ansammlung von Bäumen zu beiden Seiten der Potsdamer Straße.

Eine erste Bilanz dieses Entwurfs: Trotz der unleugbar größeren Sichtbarkeit fügt er sich ins Forum ein und gibt sich wegen seiner kubischen Struktur als Artverwandter der Nationalgalerie zu erkennen. Da trumpft kein Konkurrent zu den umstehenden Solitären auf. Eher nimmt er seine Identität durch umsichtige Achtsamkeit auf die Ansammlung der ihn umringenden Bauten zurück, wagt sich mit seiner Schlichtheit nicht zu weit vor. Man möchte meinen, typisch japanisch: Das Individuum verbeugt sich im Zweifel vor der Kollektion der bereits vorhandenen Forumsbauten, oder es beugt sich ihnen.

Alle diese Erwägungen sind natürlich unter Vorbehalt zu verstehen, d.h. entstanden aus dem Rundgang durch eine Ausstellung, die gegenüber der Staatsbibliothek zu sehen war. Da liegt der Irrtum immer nah. Und das gewiss nicht so sehr auf der Seite der Preisrichter, die sich monatelang mit der Sichtung der Entwürfe befassten, als auf der Seite ihrer Kritiker. Da ich nur ganze zwei Stunden dort war und mich zur Zeit hier in dem bequemen Schiff Scharouns eh auf einer meiner vielen Irrfahrten befinde, ist meinem Urteil kaum zu trauen. Lediglich der Umstand, dass der große, sich schräg unter meinem Galerieplatz ausdehnende Lesesaal frappierend viel mit dem Bau van der Rohes, ebenfalls schräg gegenüber, gemein hat, verleiht meinen Überlegungen den Anschein einer Triftigkeit.

Frappierend ist vielleicht nicht das passende Wort, wenn man bedenkt, dass es sich bei mir um einen langjährigen Nutzer dieses außergewöhnlichen Gebäudes handelt, der inzwischen wissen sollte, wo er sich befindet. Doch so wenig mir bewusst war, welch unermesslicher Zerstörung sich mein so ungemein wohltuender Aufenthalt an Deck verdankt, so wenig verstand ich all die Jahre wirklich, was ich vor mir sah. Gewiss, ich sah die Leselandschaft, aber schon, dass ihr inneres Band dem äußeren in der Brache entsprach, erfasste ich nicht, ebensowenig, welcher Struktur das Band gehorchte. Mein Blick auf das, was mich tagtäglich umgab, war kein analytischer. Ich ließ mir einfach die paradiesischen Aussichten gefallen.

So erklärt sich, dass mich der Hinweis auf den inneren Kubus im Lesesaal komplett überraschte, als ich erstmals Wisniewskis Artikel in der schon genannten Festgabe zur Kenntnis nahm. Ständig hatte ich diesen Kubus angeschaut, doch nie begriffen. Auch deshalb nicht, weil ich Scharoun stets als Antipoden van der Rohes ansah. Hier der Entwerfer höchst komplexer organischer Gebilde, da der Konstrukteur klarer kristalliner Strukturen. Pustekuchen. Mit welcher Akribie Scharoun die Maße der Neuen Nationalgalerie ins Innere seines Schiffs übersetzte, erkennt man daran, dass der Mittelteil der Lesesaaltrias, in dem die Bänder beidseits zusammenlaufen, genau 60 x 60 Meter misst. Wisniewski spricht wörtlich von einer Assimilierung und Transposition. Scharoun assimilierte Mies van der Rohes Museumspavillon und transponierte ihn nach innen. Aber versetzt.

Die Schrägstellung ist beabsichtigt, um den Raum im Bereich der Potsdamer Straße so zu gliedern, dass ein stadträumliches Bild entsteht. Man sehe den jugendlichen Beobachter von Bremerhaven, der sich bekanntlich an zeichnerischen Entwürfen von Kriegsschiffen à la Tirpitz berauschte, am Werk, wie er seine Fregatte aus Beton am Kulturforum entwirft: In die aus der Schrägstellung entstehende Flankenbeziehung zwischen Neuer Nationalgalerie und Staatsbibliothek wird ein, ich zitiere, *molenkopfartige(r)* Kubus eingefügt, der als Vortragssaal eine exponierte Position erhält – dem Schlachtschiff seitlich vorgelagert. So löst ein Kubus raumgliedernd den anderen ab, bis er auf dem Hauptdeck der Bibliothek kulminiert.

Der Kubus als äußeres wie inneres Gliederungsprinzip zweier entscheidender Solitäre des Kulturforums: Als hätten die Wettbewerbsteilnehmer aus Japan es geahnt, favorisierten sie diese Figur für den Bau des Museums der Moderne, deren innere Beziehung zur Nationalgalerie ohnehin außer Frage steht. Scharoun, dessen geniale Einfälle ich hier oben ständig konsumiere, war – durch seine organhaften Kunstgebilde hindurch –, van der Rohe, seinem Gegenüber, sehr verwandt. Schließlich ist nicht nur der Mittelteil des Lesesaals kubistisch konstruiert, auch die angrenzenden Lesesäle sind es. Überall nur Kuben.

Unterhalb dieses Komplexes ist, wenn ich die Passage richtig deute, *der Ort der Begegnung mit der Bibliothek* angeordnet. Anschließend heißt es – wieder eine Überraschung für mich, mit der Wisniewski aufwartet –, er könne sich darunter *Lese- und Aufenthaltsbereiche im Charakter einer Hotelhalle* vorstellen.

EXKURS: MENSCHEN IM HOTEL

Mir wird nach dieser Formulierung Wisniewskis nicht ganz klar, ob sich die von ihm erwähnte Hotelhalle nur über die zwei Sockelgeschosse erstreckt, also die Zone, die ich in Band 1 als Maschinenraum der Staatsbibliothek bezeichnete, oder ob sie das Hauptdeck mit einschließt. Angenommen, er meint den gesamten Bereich, wofür die da wie dort verbreitete Aufstellung von Sesseln und Tischen spricht, dann sollten sich auch alle drei vom Architekten angesprochenen Geschosse an einer Hotelhalle orientieren.

Das ist nicht wenig. Besonders dann, wenn im gleichen Atemzug der Vergleich zur Bibliothek der Antike gezogen wird, die für Scharoun und Wisniewski ebendies bedeutet: eine Hotelhalle mit überdachtem Marktplatzcharakter. Das Ziel sei seit damals das gleiche geblieben, nämlich die Menschen, die sich darin bewegen, *zum Studium oder zur Muße ein(zu)laden.*

Der Bezug zur Antike taucht an dieser Stelle nicht zum ersten Mal auf. Unmittelbar vorher wird Mies van der Rohes Bau schräg gegenüber als ein tempelartige(s) Sanktuarium beschrieben. Den sockelförmigen Zugang habe Mies jedoch im Unterschied zu Scharoun, so Wisniewski, wie ein schutzloses Plateau entworfen, ohne Dach, möchte man sagen, wohl, um den Besucher des Sanktuariums etwas auf Distanz zu halten und ihm eine gewisse Ehrfurcht für die heilige Stätte einzuflößen. In seiner Variante des Sockelmotivs strebe Scharoun dagegen nicht Distanz, sondern die Unmittelbarkeit des menschlichen Bezuges an – das Bergende, wie es schon einmal angeklungen ist.

Bergungsraum, Schutzraum – weiter unten im Artikel wird das Sockelgeschoss zum Bollwerk. *Zum Bollwerk und Refugium zugleich,* heißt es erklärend – Synonyme für ein im Fadenkreuz tangenzialer Autobahnen gelegenes Gebäude, das sich in amorpher Umgebung behaupten, ja, zur Wehr setzen muss. Kaum übertrieben scheint es mir daher, die Markthalle der Staatsbibliothek ein Hôtel des Réfugiés zu nennen. Besäße man eine Zohlensche Sensibiltät für die Ortlosigkeit des Kulturforums, würde man damit nicht so sehr danebenliegen.

Eine Hoteldirektion, die solche Gäste aufnehmen muss, und das täglich, Jahr für Jahr, hat viel zu tun. Lauter Bergungsarbeit. Die Frage ist, ob es überhaupt jemanden gibt, der solcher Ausgangslage gerecht werden kann. Trotz dieser immensen Aufgabe, die jedem Verantwortlichen einiges abverlangt, sollte mindestens eine Regel eingehalten werden. Sie zu berücksichtigen, dazu ist nicht nur jeder imstande, es muss auch von jedem verlangt werden können: die in sein Bollwerk flüchtenden Menschen höflich zu begrüßen.

Ich komme deshalb an dieser Stelle auf die Generaldirektorin der Staatsbibliothek und ihre mangelnde Grußfertigkeit zurück. Wenn den ins Bollwerk Fliehenden nicht einmal ein Gruß gewährt wird, geht die Migration im Inneren der Hotelhalle weiter. Die Ortlosigkeit draußen setzt sich dann drinnen fort. Doch ehe ich diesen Faden weiterspinne, möchte ich genauer auf einen modernen Hotelbetrieb eingehen, den ich im Rahmen meiner Tätigkeit als Unternehmens-Ästhet an der Hochschule Lausitz den Studentinnen und Studenten gern als lobenswertes Beispiel empfahl.

***

An der unterdessen in der BTU Cottbus-Senftenberg aufgegangenen Hochschule Lausitz machte ich mir in den Seminaren über Unternehmenskultur immer einen Spaß daraus, die Leute, wenn ich konnte, in die Irre zu führen. Natürlich ließen das nicht alle zu, doch es blieben immer ein paar übrig, die mir auf das Glatteis folgten.

Die Ausgangssituation: Der Gast eines amerikanischen Hotels beklagt sich beim Auschecken, ihm sei ein Radargerät aus seinem im hoteleigenen Parkhaus abgestellten Auto gestohlen worden. Frage ans Auditorium: Was würden Sie auf der Seite des Beklagten tun? Stellen Sie sich vor, Sie verrichteten gerade Ihren Dienst an der Rezeption und träfen auf diesen Gast. – Erfahrungsgemäß waren immer wieder Antworten dabei, die den Bestohlenen entweder an die nächsthöhere Unternehmensinstanz verwiesen, oder, noch schlimmer, gleich an die Polizei.

Im nicht aus der Luft gegriffenen, sondern wirklich geschehenen Fall regelte der Portier gleich alles selber. Und wie von selbst. Er fragte den Gast ohne Umschweife, welchen Wert der ihm abhanden gekommene Gegenstand besäße, erfuhr von ihm die Summe und wies die Rezeption an, sie dem Gast auszuzahlen. Es waren 150 Dollar. Der Mann war's zufrieden und fuhr entspannt von dannen. Einige Wochen später erhielt das Hotel einen Brief von ihm, in dem er sich für die von ihm verursachte Aufregung vielmals entschuldigte. Er hatte das gestohlen geglaubte Radargerät in einem versteckten Winkel seines Autos wiedergefunden. Dem Brief lagen die 150 Dollar bei, nebst der Erklärung des Gastes, er werde nie mehr woanders absteigen als in einem Haus dieser Hotelkette. Auf einfachste Weise hatte das Unternehmen einen neuen Stammkunden gewonnen.

Der Fall ist ein Musterbeispiel avancierter Betriebskultur. Er zeigt das Verhalten von Mitarbeitern, die sich auf Augenhöhe des Kunden bewegen und alles daransetzen, ihm nicht nur keine Schwierigkeiten zu bereiten, sondern ihm den Aufenthalt so angenehm wie möglich zu machen. Ehe indes ein solches Verhalten erreicht wird, müssen die Mitarbeiter verschiedenste Stadien der Kultivierung durchlaufen. Nehmen wir nur den Portier. Er ist nicht mehr der Pförtner traditionellen Typs, der nur als Kofferträger ausgebildet wurde, er ist ein Türöffner in übertragener Bedeutung. Er öffnet dem Kunden nicht lediglich die Tür und befreit ihn von seinem Gepäck, er eröffnet ihm das Unternehmen, macht ihn, wenn irgend möglich, gleich zu einem treuen Kunden, indem er ihm alle Sorgen und Nöte abnimmt.

Um dieses Verhalten zeigen zu können, wird er so manchen Posten, den das Haus zu vergeben hat, schon einmal durchlaufen haben. Gelegentlich wäre es angebracht, wenn die Direktion selber den Gast willkommen hieße oder verabschiedete. Ohne vorherige Rotation kann jedenfalls die Person an der Pforte nicht die elegante Haltung an den Tag legen, die ein Eingehen auf den erwähnten Fall erfordert. Ausreichendes Training im Beschwerdemanagement gehört ganz selbstverständlich dazu. Und das Einüben noch geschliffenerer Umgangsformen. Sie müssen über das gute Parieren von Beschwerden weit hinausgehen.

Ohne entsprechende Ermächtigung der Mitarbeiter seitens der Führung wäre es allerdings aussichtslos, eine solche Stelle angemessen zu besetzen. Nebenbei ist die Existenz weißer Kassen unerlässlich, damit die Beschwerde im Keim erstickt, besser noch, in einen Anlass zur Freude verkehrt werden kann.

An dieser Sorte von Hotels müsste sich die Staatsbibliothek messen lassen, wenn sie denn ein Haus im Sinne Hans Scharouns und Edgar Wisniewskis werden will. Um den Leser aber nicht sogleich mit der Nase auf die Probleme zu stoßen, die sich daraus ergeben, möchte ich ihn auf einen Umweg führen, der ihn hoffentlich erheitert.

II. DANTE ALS WEGWEISER

VON ALDI ZUM KAPITOL

Der Umweg führt zunächst noch einmal an dem Platz vorbei, der noch keiner ist, der erst einer werden soll. Eben das hat sich auch Stephan Braunfels in den Kopf gesetzt. Von ihm stammt offenbar der Spitzname *die Scheune*, der seitdem von Herzog & de Meurons Marktkörper nicht mehr wegzudenken ist. Braunfels ist ein renommierter Architekt aus München, der seine Entwürfe gern bekannt gibt, wenn der entsprechende Wettbewerb nicht nur schon abgeschlossen, sondern bereits entschieden ist.

Auch beim Hohenzollernschloss in Berlins Mitte war es so. Dort kritisierte er Franco Stellas Lösung mit den Loggien, die den Schlüterhof nach Osten abschirmen. Der Italiener aus Vicenza hatte diese Loggien frei entwerfen dürfen, weil sie nicht zu den drei Barockfassaden im Norden, Westen und Süden gehören, die originalgetreu wiederaufgebaut werden.

Tatsächlich traf Braunfels' Kritik einen wunden Punkt. Die von Stella etwas euphemistisch als *Belvedere* bezeichnete Wand verschließt sich der östlichen Mitte rigoros, statt sich ihr zu öffnen, wie der Münchener vorschlug. Er nannte die *Schöne Aussicht* Stellas despektierlich eine *Urnenloggia*, die noch dazu den Bau unnötig verteuere und warb für seine Idee, den Schlüterhof zur Mitte aufzuschließen, um das umstrittene Schloss auch schon von seiner äußeren Gestalt her den Stadtbewohnern nahezubringen – sie mit den Flügeln des Hofes gleichsam zu umarmen. Ein Gedanke mit Charme. Er hätte aber den gerade wegen seiner Geschlossenheit betörenden Charakter des Schlüterhofs zerstört. Und der Gedanke kam zu spät. Das Untergeschoss der *Urnenloggia* lag bereits in Beton gegossen da.

Während Braunfels beim Wettbewerb um den Neubau des Hohenzollernschlosses frühzeitig ausschied, weshalb man in der Architektenzunft seine verspätete Kritik als Nachkarten verstand, wurde er zum Wettbewerb um das Museum der Moderne von vornherein nicht zugelassen. Doch hier kommt seine Kritik noch nicht zu spät. Zwar stehen die Preisträger bekanntlich fest, aber weder ist schon etwas betoniert, noch gibt es einen Bebauungsplan. Und erste Preise, so der Münchener hoffnungsvoll, seien in der Vergangenheit schon dutzendweise unberücksichtigt geblieben. Wieso nicht auch jetzt, da sich die Aufregung über die Aldi-Halle seit der Preisverleihung an die beiden Baseler nicht legen will.

Ähnlich wie beim Schloss macht sich Braunfels beim Kulturforum für eine Öffnung stark. Dort, wo die Wettbewerber, der Ausschreibung getreu, ihr Museum planten, lässt er die Fläche frei, um Platz für eine veritable Piazza zu bekommen. Als einziger geht er das Wagnis ein, die Potsdamer Straße nach Osten zu verschwenken, um so den Raum für das öffentliche Forum zu erweitern. Damit rückt der Verkehrsfluss noch näher an die Bibliothek heran, was jedoch der Intention Scharouns und seines kongenialen Kompagnons nicht widersprechen würde. Sogar springt nun in unmittelbarer Nachbarschaft der philharmonischen Gebäude noch ein dritter Saalkörper heraus. Er stünde als variabel nutzbares Veranstaltungshaus zur Verfügung.

Das Museum der Moderne selber wird von Braunfels westlich hinter die Nationalgalerie verbannt, aber durch einen Glaskorridor mit ihr verbunden, sodass die Zugehörigkeit der beiden Bauten auch optisch abgesichert ist. Als Hommage an Scharoun sieht er für das Museum einen terrassenartigen Komplex vor. Er erinnert an das Gäste- und Atelierhaus des Bremerhavener Baumeisters, an dem der letztlich gar nicht mehr gehangen haben soll. Wie auch immer, durch diese Verbannung nach hinten – eine Lösung, die Braunfels ursprünglich bekämpft hatte –, gewinnt er den gewünschten Raum für seinen städtischen Versammlungsplatz. Östlich begrenzt er ihn mit Wasserbecken, die von Fontänen umsäumt sind, als wären sie ein Geschenk an die Besucher der gegenüberliegenden Staatsbibliothek. Denen können gezähmte Wasserfälle mitten in ihrem Blickfeld schon aus nautischen Gründen nur recht sein.

Ist man in ästhetischer Hinsicht als Nutzer der Bibliothek erstmal geneigt, dem Plan des Müncheners eine Aufnahme in den Kreis der offiziell gepriesenen Entwürfe noch nachträglich zu wünschen, so macht sich, was den Versammlungsplatz selbst betrifft, eine gewisse Skepsis breit. Ein Architekturkritiker des Berliner Tagesspiegels, Frederik Hanssen, betitelte seinen Artikel über Braunfels' Vision denn auch treffend mit *Schnöde Scheune oder schöne Öde*. Hanssen erinnert das Konzept fatal an die eh schon dort zu besichtigende *Schotterwüste*, wie es wörtlich heißt. Zugig ist sie noch dazu.

Als unmittelbar interessierter Schiffspassagier von gegenüber fragt man sich unwillkürlich: Woher nimmt der Münchener Architekt die Chuzpe, eine solche Wüste zur Piazza hochzureden? Die Antwort: vom Kapitol des Michelangelo.

***

Man soll nie zu gering von sich denken, wenn man zu Höherem berufen ist. Braunfels hat durch eine Reihe verwirklichter Entwürfe bewiesen, dass er das Zeug dazu hat. Dass er sich an den Besten seines Fachs ausrichtet, ist für mich nur konsequent.

Der Vergleich seines Plans für das Kulturforum mit dem Kapitolsplatz in Rom scheint dennoch etwas hergeholt. Hanssens Kritik zufolge bietet das Angebot der Piazza-Situation an der verschwenkten Potsdamer Straße eine lediglich theoretische Lösung, da ihr die echten Fassaden fehlen. Jeder Italienliebhaber wisse, so der Kritiker, dass wirkliche Aufenthaltsqualität nur dann entstehen könne, wenn ein Platz von bewohnten Häusern umschlossen werde. Man erinnere sich beispielsweise an die betäubende Bellezza der Piazza Navona. Ihre berückende Schönheit entstand erst, nachdem die Fassaden der sie umringenden Häuser um hundertachtzig Grad gedreht wurden – mit dem Gesicht zum Platz und nicht wie vorher, von ihm abgewandt.

Vor 1945 war die St. Matthäus-Kirche Stülers noch dicht von Wohnhäusern umstanden. Damit haben Krieg und Architekten gründlich aufgeräumt. Zur Rekonstruktion dieser Bauten konnte sich die Administration der Stadt Berlin jedoch weder vor noch nach der Wende entschließen. So fehlt Stephan Braunfels an diesem Ort die materiale Baumasse, um auch nur entfernt an die Situation auf dem Kapitol heranzureichen. Noch dazu mangelt es nicht nur an einer Treppe, sondern auch an einem Hügel, auf den sie hinaufführt. In ganz Berlin-Mitte gibt es keinen, jedenfalls keinen nennenswerten, er müsste denn künstlich, wie am Teufelsberg im Grunewald, mit der Aufhäufung von Schutt geschaffen werden.

Berlin ist keine auf Hügeln erbaute Stadt, Berlin ist nicht Rom. Wenn es in der Vergangenheit etwas war, dann eher Athen, das Spree-Athen der ersten Hälfte des 19. Jahrhunderts. Wofern Braunfels sich mit Michelangelo messen wollte, so hätte er eine Anhöhe einkalkulieren müssen. Sie gibt es sogar zur Zeit noch auf dem Forumgelände. Es ist die Rampe zwischen Kupferstichkabinett und Kunstgewerbemuseum. Die aber möchte der Münchener gerade abgerissen und durch eine Haupteingangshalle für alle Museen am Kulturforum ersetzt wissen.

Eine solche Halle hat allerdings etwas, das zum Kern des gesamten Areals zurückführt. Sie ist bei Braunfels wie ein Kubus gestaltet und erinnert, wenn nicht an Michelangelo, so an die Entwürfe der beiden japanischen Architekturbüros. Statt des Parks der Japaner wird die Fläche an sich betont. Eben als Versammlungsfläche. Dann doch lieber eine japonisierte Gartenlandschaft, möchte man sagen. Andererseits konkurriert der Kubus, nun in herausgehobenerer Position, wirksamer mit dem Kunsttempel Mies van der Rohes als es die anderen Kuben tun.

Mit der Nationalgalerie als nächstgelegenem Gebäude von Rang sendet die Haupteingangshalle von Braunfels wiederum Signale an das Scharounsche Schlachtschiff gegenüber, dessen innere Hotelhalle gleichfalls, wie im ersten Kapitel dargestellt, kubistisch strukturiert ist. Man wünschte sich nur noch eine auch nach außen hin sichtbare Kommunikation zwischen den beiden Bauobjekten. Ehe die von Braunfels imaginierte Menschenmenge in seine Halle hineingeht, sollte sie sich ja nach Möglichkeit auf dem Versammlungsplatz getummelt haben und auch weiter tummeln, wenn sie wieder aus der Halle herausströmt.

Was hier angesprochen wird, ist mit dem Vergleich zweier kommunizierender Röhren vielleicht am besten umrissen. Bis heute liegen sich der Platz, den Braunfels freihalten will, und die Staatsbibliothek zwar gegenüber, aber sie nehmen nicht voneinander Notiz oder wenn, dann nur verhohlen. Der monumentale Baukörper Scharouns bleibt nach außen hin stumm. Dabei handelt es sich bei ihm, wie wir längst wissen, nur obenhin um eine Kriegsfregatte, im Grunde aber um ein Kreuzfahrtschiff mit Hotelbetrieb, dazu Luxuskabinen und Kajüten. Da ist Leben in der Bude. Doch von außen merkt man nichts davon.

Bislang war in *Himmlischer Glanz* immer nur von Decks und Relings innerhalb des Dampfers die Rede. Auch vom für das Funktionieren des Schwimmenden Hauses so wichtigen Maschinenraum. Alle diese Bereiche stellen aber ausschließlich das Leben drinnen dar. Ist es denkbar, Scharoun und Wisniewski sei nicht in den Sinn gekommen, dass eine Schiffsbesatzung, vor allem jedoch die Passagiere auch nach draußen wollen – an die frische Luft? An die Relings, die nicht nur innerschiffs, sondern auch außen, meerseits angebracht sein müssten oder zum Fluss hin, wo man den Blick ins Tal und in das Weite genießen möchte? Eigentlich ist so etwas nicht denkbar. Es wäre nur dann denkbar, wenn es sich bei der Staatsbibliothek wirklich um ein Schlachtschiff handelte, dass sich natürlich nach außen gegen den Feind abdichten muss.

Auch wenn die Bibliothek dank ihres monumentalen Äußeren an Scharouns jugendliche Entwürfe erinnert, so tut sie es doch mehr nach Osten hin. Zur geplanten und dann aufgegebenen Westtangente sollte sie sich abweisend verhalten, nicht so sehr zur anderen Seite. Seltsamerweise ist mir selber erst beim Nachdenken über die Vision von Braunfels aufgefallen, dass dieser imposante Schwimmkörper von etwas umgeben ist, das aussieht wie Terrassen.

Auf Terrassen kann man hinaustreten. Bloß taten das bislang immer nur die Mitarbeiter der diversen Gewerke, die sich um die Befreiung des Gebäudes von Asbest bemühten. In Zukunft, wenn die Sanierung des ganzen Hauses ansteht, wird das nicht anders sein. Allerhand Gerätschaften sind dort gelagert

– ein No go für die Nutzer, überhaupt für jeden, der nicht zum entsprechenden Gewerbe gehört.

Das Verbot, die – im übrigen von Unkraut übersäten – Terrassen zu betreten, sollte nach der Sanierung schleunigst aufgehoben werden. Dann können die Passagiere endlich an die frische Luft, wenn ihnen zu sehr der Kopf raucht, was nicht selten vorzukommen pflegt. Und sie können das tun, was Passagiere immer schon getan haben, seit es Schiffe, zumindest seit es Kreuzfahrtschiffe gibt: Sie können winken, können die Leute an Land begrüßen, auf der anderen Seite des Tales, dort, wo sich die von Braunfels vorgesehenen Museumsbesucher befinden, ehe sie in seiner Eingangshalle verschwinden, um später wieder daraus aufzutauchen. Zum ersten Mal würde so die Staatsbibliothek dem ihr zugrundeliegenden Baugedanken entsprechen und alle Funktionen erfüllen, die zu einem Schiff nun mal gehören.

VOM KAPITOL AUF DEN AVENTIN

Nach dem Ausweichmanöver, das mir der verspätete Entwurf von Braunfels zum Museum der Moderne aufgenötigt hat, bin ich nun ganz in die Nähe meines Wegweisers Dante Allighieri gelangt. Er möge mir durch dieses zweite Kapitel das Geleit geben. Dantes Ort liegt etwa einen Kilometer vom Kapitol, auf den mich Braunfels entführt hatte, entfernt: auf dem Monte Aventino. Dort trafen sich an Pfingsten 2013 gelehrte Dante-Kenner, sogenannte Dantisti, zu einem Kongress, um sich über Dantes so mächtiges wie mystisches Hauptwerk, die *Divina Commedia*, auszutauschen.

Der Kongress hat nicht wirklich stattgefunden, sondern ist Gegenstand des Romans von Sibylle Lewitscharoff *Das Pfingstwunder*. Für mein zweites Kapitel kommt er wie gerufen, weil er einem die mühselige Arbeit abnimmt, Dantes *Göttliche Komödie* zu durchdringen. Hat man die Lektüre des Romans erst einmal hinter sich, lässt sich Dante relativ mühelos als Wegweiser gebrauchen. Daher benutze ich die amüsant zu lesende Arbeit der Berliner Schriftstellerin quasi als Sprungbrett für meine Zwecke.

Ort des Geschehens: der prächtige Maltesersaal auf dem Aventin. Der Kongress flog am Ende wie durch ein Wunder auf. Im Wortsinn. Durch die Fenster des Saals. Gen Himmel. Wie früher die Apostel, aber ohne deren damaligen Auftrag, das Evangelium in fremden Ländern mit fremden Zungen zu verbreiten. Nur einer der Kongressteilnehmer blieb zurück. Gottlieb Elsheimer, Protagonist des Romans. Er berichtet uns von jenem – neuen – Pfingstwunder.

Eigentlich ist dieser Roman kein richtiger Roman. Eher eine Vorlesung über die *Göttliche Komödie* mit romanesken Zügen. Sie halten den Leser bei der Stange. Das ist im einzelnen grandios geraten, wie überhaupt bereits das Vorhaben, diese in vielem rätselhafte *Commedia* darstellen zu wollen, größte Hochachtung verdient. Aber die Vorlesung hat ihren Preis. Denn Dantes tragikomische Komödie ist ein Gesangswerk. Es besteht aus lauter *Canti*, genau tausend Gesängen, alle in kunstvoll gefertigten Terzinen gesetzt. Sie gehören im Grunde mit gehobener Stimme vorgetragen. Ein Kongress, der sich vornimmt, ihren Gehalt Stück für Stück auf einer Tagung zu erforschen, muss naturgemäß hinter der kantablen Poesie des Dichters zurückbleiben. Überall scheint die Lewitscharoff als Religionswissenschaftlerin, die sie zu gleichen Teilen ist, hindurch. Ohne wissenschaftlichen Hintergrund wäre diesem Werk allerdings auch schwerlich beizukommen.

So kriegt, wer an der *Commedia* bislang verzweifelte, dank des *Pfingstwunders* endlich Boden unter die Füße. Das besondere Augenmerk der Autorin ist dabei auf den Horror des *Inferno*, der Hölle, gerichtet, darauf auf die Turbulenzen des *Purgatorio*, des Läuterungsberges – d.h. sie beschäftigt sich mit den bestürzenden Ereignisse in den ersten beiden der drei Bücher, aus denen die *Komödie* besteht. In Sachen Dante durch den Pfingstroman schlauer geworden, springe ich danach zurück auf das Frühwerk des italienischen Rhapsoden. Darin erzählt er von seiner berühmten Liebesgeschichte. Sie hätte ihn fast um den Verstand gebracht. Mir aber soll sie dazu dienen, das Geschehen in der Staatsbibliothek aufzuschlüsseln.

***

*Nel mezzo del cammin di nostra vita
mi ritrovai per una selva oscura
Chè la diritta via era smarrita.*

Der Anfang des ersten Höllengesangs, *canto primo* des *Inferno*, ist weltberühmt geworden, wenigstens die erste Zeile der beginnenden Terzine. In der mir vorliegenden Ausgabe der *Commedia*, die Hermann Laaths besorgt hat, heißt es:

Ich fand mich, grad in unseres Lebens Mitte,
In einem finstern Wald zurück, verschlagen,
Weil ich vom rechten Pfad gelenkt die Schritte.

Dante ist mit fünfundreißig Jahren in seinem Leben an einen
Punkt gelangt, an dem er nicht mehr weiter weiß, so die allge-
meine Deutung, der sich auch die Autorin anschließt. *La selva*
meint die Wirrnis, in der er sich befindet. Der Wald ist *wüst
(selvaggia), mit wild verwachsenen Strecken,* die den Irrenden
erneut verzagen lassen. Da begegnet er drei wilden Tieren, Al-
legorien der Herrschsucht und der Habgier, die ihm eins nach
dem anderen in dräuender Haltung den Weg versperren, sodass
er vor lauter Schrecken sein Heil in der Flucht sucht. In höchster
Not erscheint ihm da Vergil, der Dichter der *Äneis*, und weist
ihm einen Ausweg, durch den er der Gefahr entrinnt.

Vergil wird den Irrenden durch die Hölle führen. Er ist ein
sonderbarer Cicerone: kein Mensch mehr, denn schon längst im
Reich der Toten angekommen – eine Art Schattenwesen, das,
scheinbar ohne Stimme, sich dennoch, wenn auch nur piano-
mäßig, hören lässt. Und Vergil ist Dantes meisterliches Vorbild.
Von ihm hat er den schönen Stil gelernt, *lo bello stilo*, durch
den sich der Florentiner eigenes Ansehen erwarb. Der *dolce
stil'nuovo* hat ihn schon früh in ganz Italien bekannt gemacht.
Die komplette *Commedia* ist davon beherrscht – jenes durch
ihn zum Gesang erhobene toskanische Sprachkolorit, welches
für das Italienische verbindlich wurde.

Der von Dante bewunderte Dichter ist es auch, der ihn bereits im *canto primo* in die Schrecknisse einweiht, die ihm, der
doch gerade vom Zugriff der wilden Tiere gerettet wurde, noch
bevorstehen:

Dort wirst du hören der Verzweiflung Schreie,
Der Vorwelt Geister schauen, die jammernd flehen,
Dass sie ein zweiter Tod von Schmerz befreie.
*   Wirst andre dann in Feuersgluten sehen*
Und dennoch froh, weil sie der Hoffnung leben,
Wie spät es sei, zur Seligkeit zu gehen.

Vergil zeichnet damit gleich den ganzen Weg vor, den Dante zurückzulegen hat: Er muss zunächst die Hölle durchschreiten und zwar bis an den tiefsten Punkt. Dann muss er den *Läuterungsberg*, das *Purgatorio*, erklimmen – bis an die Spitze. Erst dort wird er Beatrice begegnen, seiner geheiligten Madonna, um deretwillen er die ganzen Strapazen auf sich nimmt. Sie löst Vergil, der noch den heidnischen Kulten verpflichtet ist, als Weggenossen ab und geleitet Dante in das nur Christenmenschen vorbehaltene *Paradiso*.

Wenn er nur schon so weit wäre und alle Strapazen hinter sich hätte! Ich greife aufs Geratewohl eine Episode heraus, die sich auch im *Pfingstwunder* besprochen findet. Die Hölle liegt zwar inzwischen hinter ihm, aber ehe er den Berg der Läuterung besteigen kann, ist noch ein Tor zu überwinden, das ein schwertgürteter Engel behütet. Von Vergil ermahnt, sich dem heiligen *Portier* demutsvoll zu nähern, lässt sich Dante *andächtig (divoto)* zu dessen Füßen nieder, nicht ohne sich vorher dreimal zum Zweck der Buße auf die Brust zu schlagen.

Da schrieb er sieben P mit seinem Schwerte
Mir auf die Stirn und sprach: »Dadrinnen wasche
Die Stirn dir ab, die siebenfach versehrte.«

Im Original steht, der Torhüter habe diese P *col punto della spada* geschrieben – für den Betroffenen keine so ganz angenehme Prozedur. Wohl aus Erbarmen mit dem armen Dante (oder aus Sympathie für den Portier) heißt es bei Sibylle Lewitscharoff, der Engel ritze ihm den Buchstaben *sachte, sachte mit der Spitze seines Schwertes (…) in die Stirn* – eine hübsche Verharmlosung dieses Vorgangs, der den ja bereits zur Buße Bereiten, grausamer geht es kaum, stigmatisiert. Die sieben P stehn für *peccata*, die sieben Sünden, von denen sich der Bußfertige nach Passieren des Tors zum Läuterungsberg reinzuwaschen hat: Sie erstrecken sich von Hochmut und Neid über Zorn, Trägheit und Geiz bis zu Genusssucht und wollüstigem Begehren.

VON ROM NACH FLORENZ

Die beiden Dichter hätten Glück gehabt, schreibt Lewitscharoff, denn der Schwertengel öffnete das Tor, schickte jedoch eine Mahnung hinterher.

Aufstieß er dann den Eingang zu dem hehren
Portal: Geht ein! Doch hört vor allen Dingen,
Sprach er, wer rückwärts blickt muss rückwärts kehren!

Das *hehre Portal* wird im Original die *porta sacrata* genannt, eine geheiligte Pforte. Dante wird sich die Mahnung zu Herzen nehmen und das Portal nur in die eine Richtung durchqueren, nach vorn. Einen Blick zurück, der Orpheus zum Verhängnis wurde, leistet er sich nicht. Seine Geliebte muss er auch nicht erst wie Eurydike aus der Unterwelt heraufführen, sie ist ihm schon ins Paradies voraufgegangen, nicht er ihr. Wenn sich in der *Commedia* jemand umsieht, dann ist es Beatrice, doch sie läuft nicht Gefahr, ihn zu verlieren. Sie treibt ihn an, ist erstmal streng mit ihm. Von wegen lieblich! Das hatte ich bei der Lektüre nicht bemerkt. Da brauchte ich die im Dschungel der *Divina Commedia* bewanderte Lektorin.

Kein geringes Verdienst des *Pfingstwunders* ist es, die unterschiedlichen Stimmungen sowohl Dantes als auch Beatrices getroffen zu haben. Vom *dolce stil' nuovo* hingerissen, überliest man das gerne. Dante tritt nicht durchweg als der seiner Geliebten entgegenfiebernde Liebhaber auf. Schon gar nicht im *Inferno*. Rachsüchtig ist er. Auch sadistisch. Er freut sich, wenn er seine ehemaligen Feinde in der Hölle schmoren sieht. Beatrice ist in den beiden ersten Büchern fast vergessen. Doch wenn er ihr begegnet, wird er fast zum Kind und sie zu seiner Mutter, die ihn obendrein noch, allerdings aus guten Gründen, maßregelt.

Mit feiner Feder findet Dante sich bei Lewitscharoff typisiert. Er sei kein klassischer Heros. Antike Kampfgelüste suche man bei ihm vergebens. Stattdessen käme er als ängstlicher Christenmensch daher, den allein seine superbe poetische Begabung zum absoluten Souverän über die Musen befördere. In die Tumulte seiner Zeit sei er verstrickt gewesen, besonders in die seiner Heimatstadt. Aus ihr wurde er schließlich verbannt, um danach sein Leben als mittelloser Flüchtling zu fristen – nicht ohne selber schuldig geworden zu sein.

Ehe sich Dante gezwungenermaßen aus Florenz verabschiedet, sollte sein Aufenthalt dort näher beleuchtet werden. Die guten Gründe, die Beatrice auf dem *Purgatorio* für sich in Anspruch nimmt, um ihn zu schelten, lassen sich alle auf seine florentiner Eskapaden zurückführen. Von dem über dem Tiber gelegenen Monte Aventino geht es deshalb jetzt in nordöstlicher Richtung nach Firenze an den Arno, um dem Treiben zuzuschauen, das ihm – damals noch kein berühmter Sohn der Stadt –, zu erstem Ruhm verhalf.

***

Wenn man sich bloß mit Dantes *Commedia* befasst, die in einer Apotheose Beatrices endet, vermutet man keinen normalen Ehemann in ihm – mit einer Frau und vier Kindern. Wie damals üblich, wurde man einander früh versprochen – Dante mit zwölf. Doch das war nicht der Grund, weshalb ihm Beatrice zürnte, zumal sie mit ihm das gleiche Schicksal teilte. An einer Ehe kam sie so wenig vorbei wie er. All das ist nicht entscheidend. Das reale Leben, das sie beide gelebt haben mögen, ist für die Wegweisung, auf die es dies Kapitel absieht, gar nicht von Interesse.

Die Dante-Forschung ist sich bis heute nicht einig, ob Beatrice überhaupt gelebt hat oder nicht lediglich der poetischen Fiktion eines früh in familiäre Bande geratenen florentiner Bürgers entspross. Vielleicht wie Helena dem Kopf des Zeus oder Maria dem Wort Gottes. Dieser fiktiven Person wird hier gehuldigt, auch Dante nur als dem toskanischen Rhapsoden, der längst, bevor er seiner Ehefrau versprochen, von Beatrices blendender Erscheinung befangen war. Genau drei Jahre vorher – also mit neun.

Doch solche Beckmesserei ist fehl am Platz, da die Zahl neun eine heilige Zahl ist. Neun ist dreimal drei – dreimal die Trinität von Vater, Sohn und heiligem Geist. Wann immer er Beatrice gesehen hat – er war nicht neun, genau genommen. Genau genommen hat er sie auch nicht gesehen. Sie ist ihm erschienen. Man befindet sich mit ihm in christlichen Gefilden, im Kosmos spätmittelalterlicher Theologie. Doch liest man seine Liebesgeschichte besser so, als wäre sie wirklich passiert. Sonst ist sie nur schwer zu erzählen.

Es ist eine Erweckungsgeschichte. Dante beginnt, seit Beatrice ihm erschienen ist, ein neues Leben. Er legt seinen Bericht darüber in der gleichnamigen Schrift *La Nuova Vita* nieder. Sie ist der *Commedia* vorgelagert, mündet in sie und fördert ihr Verständnis. Der geneigte Leser sei nun eingeladen, den Knaben mit seinen neun fiktiven Jahren in den für ihn entscheidenden Momenten zu belauschen. Beatrice erschien ihm *bescheiden und ehrbar (umile e onesto), gegürtet und geschmückt nach der Weise, die ihrem allerjugendlichsten Alter geziemte.* Wie er war sie neun Jahre alt. Gleich darauf beginnt sein Herz zu beben. *Von da an (...) beherrschte die Liebe meine Seele – D'allora (...) Amore segnoreggiò la mia anima.*

Kraft seiner Fantasie betraut er Amor mit solcher Macht über sich, dass der ihm befiehlt, *jenes jugendliche Englein – questa angiola giovanissima –* immer wieder aufzusuchen, was er geflissentlich befolgt. Von ihrem *edlen und preiswürdigen Betragen – di sì nobili e laudabili portamenti –* ist er schließlich so begeistert, dass er – mit den Worten Homers – in ihr nicht die Tochter eines sterblichen Menschen, sondern die eines Gottes zu sehen glaubt.

Dante wird zwar bewusst, dass ihn Amor zum Narren hält, ja, dass der Übermut der Liebe ihm ständig das Bild der Geliebten vorgaukelt. Da es aber *von so edler Natur* ist – *di sì nobilissima vertù –,* kann er nicht umhin, Amor stets in Dingen der Liebe um Rat zu fragen. Es gelingt ihm jedoch, so weit von sich

Abstand zu nehmen, dass er sich in jene hineinversetzen kann, die solche Dinge für typisch jugendliche Übertreibungen halten und sie ins Reich der Fabel verweisen. Womit sie der Wahrheit sicher ziemlich nahekommen.

Kaum sind indes erneut neun Jahre – neun heilige Jahre – vergangen, da ereignet sich etwas, das alles Vorherige in den Schatten stellt.

DIE GRÜSSENDE BEATRICE

Bis zu dieser Zeit war die Angelegenheit eine einseitige gewesen. Beatrice war dem jungen Dante erschienen, mehr nicht. Dass auch er ihr erschienen sei, davon konnte nicht die Rede sein. Nun aber geschah es, dass er ihrer, *questa mirabile donna*, erneut gewahr wurde. In einem weißeralsweißen Kleid – der Farbe der Unschuld – *vestita di colore bianchissimo*, kam sie eines Tages, am Ende der Neun-Jahres-Periode, des Weges, in die Mitte genommen von zwei edlen Damen. Da passiert es: Sie richtet zum allerersten Mal ihre Augen auf ihn, auf Dante, der ganz schüchtern am Rand steht, und *in ihrer unaussprechlichen Holdseligkeit (per la sua ineffabile cortesia)* grüßt sie ihn so *tugendsam (molto virtuosamente)*, dass er *die Grenzenlosigkeit aller Schönheit zu schauen meint (me parve allora vedere tutti li termini de la beatitudine).*

Kein Zweifel, die Stunde, in der ihn *ihr voller Süße entbotener Gruß* erreicht *(suo dolcissimo salutare)*, ist die neunte des Tages. Da zudem nun auch erste Worte von ihren Lippen an seine Ohren dringen, fühlt er sich so von Wonne überwältigt, dass er sich wie trunken aus der Menge entfernt, um in der Einsamkeit eines Zimmers *der Liebenswürdigsten (questa cortesissima)* zu gedenken.

Während er dort verharrt, fällt er in einen sanften Schlaf, in dem er *eine wundersame Vision* hat *(una maravigliosa visione)*. Ein Gebieter von furchterregendem Anblick hält eine nackte, ihrerseits schlafende, bloß in ein leichtes Tuch gehüllte Person in den Armen. Bei näherem Hinsehen erkennt Dante in dieser Person *die Dame des Grußes (la donna de la salute)*.

Im Verlauf der Vision stellt sich heraus, dass der furchterregende Gebieter niemand anders ist als Amor, der Gott der Liebe. Furchterregend ist er auch deshalb, weil er in einer seiner

Hände ein glühendes etwas hält, das sich als Dantes Herz herausstellt. *Vide cor tuum (Sieh Dein Herz)* – diese Worte, dünkt es Dante, spricht er dazu. Nicht genug damit. Amor weckt die Schlafende auch noch auf und drängt sie mit der Kraft seines Geistes, das Herz zu verzehren. Und tatsächlich, sie tut es, wenn auch zögernd. Worauf der Gott in bitterstes Weinen ausbricht und mit der Erwachten zum Himmel schwebt.

Infolge dieser eindringlichen Vision wacht Dante selber auf. Und beginnt über die Erscheinung nachzudenken. Wie nicht anders zu erwarten, stellt er fest, dass die Stunde, in der ihn die Vision heimsuchte, die erste der letzten neun Stunden der Nacht gewesen ist. Da reift in ihm der Entschluss, seine Gedanken nicht für sich zu behalten, sondern sie anderen mitzuteilen.

Diese andern sind nun nicht irgendwelche Zeitgenossen, sondern *berühmte Minnesänger – famosi trovatori* – seiner Zeit. Dante konnte sich leisten, sich an sie zu wenden, da er inzwischen selbst zu jenen Troubadouren zählte. Er teilte sich ja nicht etwa in Prosa mit. Die Kunst zu reimen hatte er längst erlernt. Auf diese Weise entstand das erste Sonett der *Nuova Vita*, jener nun selber famosen, mit Versen durchsetzten Schrift, die der *Commedia* vorausging.

Dolcissima, cortesissima, gentilissima: Mit dem grenzenlos grazilen Gruß von Beatrice begann für Dante nicht *ein* neues, es begann für ihn *das neue Leben.*

✳✳✳

Im ersten Sonett der *Nuova Vita* grüßt Dante *alle verliebten Seelen (A ciascun'alma presa)* und bittet sie darum, ihm ihre Ansicht über seine Vision zu schreiben. Unter den Adressaten befand sich auch der längst bekannte Trovatore Guido Cavalcanti, der den *dolce stil'nuovo* vor ihm zur Meisterschaft gebracht hatte. Das Sonett Dantes, von Cavalcanti hoch geschätzt, wird eine enge Freundschaft zwischen ihnen stiften. Zwar zerbrach sie später in den politischen Wirren von Florenz, doch der Einfluss des fünf Jahre Älteren auf den Jüngeren ist kaum zu überschätzen.

Ludwig Scherer, Herausgeber einer ausgesuchten Antologie italienischer Literatur, spricht in seinem Vorwort zu einem Hirtengedicht Guido Cavalcantis von dessen Amor-Theologie. Vielleicht trifft dieser Ausdruck den Gehalt der Vision Dantes am besten. Und wohl nicht nur den Gehalt seiner Vision. Die gesamte *Divina Commedia* dürfte sich damit grosso modo dechiffrieren lassen. Wäre der Begriff nicht schon für das 18. Jahrhundert belegt, könnte man Dantes Werk als das einer Sattelzeit verstehen: Noch in die Christologie des späten Mittelalters eingeschrieben, kokettiert es schon bzw. wieder mit antiken Göttern, die sich zusehends in die menschlichen Belange mischen. Die Gestalt Beatrices wäre demnach aus einer christlichen Heiligenfigur und einer Primadonna der Proto-Renaissance zusammengesetzt: noch halb der demutsvollen Haltung einer *Monaca* verhaftet, einer *Mönchsschwester*, doch halb schon auf dem Weg zu einer Gespielin Amors. Immerhin schlingt sie Dantes Herz mal eben runter. Richtig christlich ist das nicht.

Muss man selbst ein Visionär sein, um die Vision Dantes zu deuten? Die Dantisti auf dem Monte Aventino hätten sich damit bestimmt leichter getan. Für die zwielichtigen Zwecke dieses zweiten Bands *Aus den Memoiren eines Doppelgängers* möge es vorerst genügen, Beatrice als einen Zwitter oder einen Zwilling zu betrachten. Jedenfalls ist ihr schüchterner Verehrer so sehr von ihrer Gentilezza angetan, dass er sie mit seinen Sonetten besingen muss. Zugleich ist er jedoch zu furchtsam, um sich direkt an sie zu wenden. Andere Frauen in ihrer Nähe müssen als Adressatinnen seiner Gedichte herhalten, damit Beatrice seine Liebe zu ihr nicht bemerkt, doch das Manöver endet im Desaster. Sie kriegt wohl etwas mit, durchschaut die Querbezüge aber nicht und ist verstimmt. Resultat: Sie grüßt ihn nicht mehr, sodass Dante, dem ihr Gruß alles bedeutet, völlig verzweifelt.

Immer wieder sucht der Verliebte Trost in seinen Liedern, sind sie doch nach Ansicht der Poeten jenes neuen Stils dazu erfunden, von der Liebe zu zeugen. Irgendwann fliegt denn auch die Tarnung auf. Eine der Freundinnen Beatrices spricht ihn schließlich darauf an. Sie will von ihm wissen, ob seine Liebe, die er der Geliebten nicht einzugestehen wage, vielleicht gänzlich neuen Zielen diene. Nein, nein, so Dante, das Ziel sei allein der Gruß seiner Herrin gewesen. Darin liege seine ganze Seligkeit, auch in ihrem Mund – wegen *der wonnigen Worte, die sie spreche* – ihrem *dolcissimo parlare.* Und wegen *ihres wundervollen Lächelns – suo mirabile riso.* Mehr bedürfe es nicht.

Mit dieser Antwort reiht sich Dante demütig in die Reihen derer ein, die den *dolce stil'nuovo* schon vor ihm kultivierten. Insofern waren seine Beatrice gewidmeten Sonette im strengen Sinn nicht neu. Er hat sie jedoch durch seine Gesänge zu neuer Blüte geführt. Das räumt er indirekt in einer seiner Canzonen, in der er Amor wieder auftreten lässt, auch ein:

> *Die Liebe selber sagt: Wie mag's geschehen?*
> *Ein sterblich Wesen, das so schön und rein?*
> *Sie sieht nach ihr und muss sich selbst gestehen:*
> *Es ließ uns Gott hier völlig Neues sehen.*

> *Dice di lei Amor: »Cosa mortale*
> *come esser po' sì adorna e si pura?«*
> *Poi la reguarda, e fra se stesso giura*
> *che Dio ne 'ntenda di far cosa nova.*

Dem beseligten Canzoniere aus Florenz sollte sein göttliches Glück jedoch nicht allzu lange beschieden sein.

BEATRICES TOD

Eines Tages stirbt Beatrices Vater. Die Trauer, die sie ergreift, ist so berührend, dass ihre Freundinnen davon ähnlich ergriffen sind wie sie. Als hätten sie den Verlust des eigenen Vaters zu beklagen. Auch Dante ist zutiefst betroffen. Er beklagt nicht nur ihren toten Vater, er wird selber krank und denkt zum ersten Mal an die Sterblichkeit seiner Geliebten. In seiner Verzweiflung sieht er sich selbst bereits dem Tode nah.

Bald darauf tritt das Befürchtete ein. Aber nicht Dante, sondern Beatrice stirbt. Er hatte sich wieder erholt. Um so mehr traf ihn das Schicksal ihres Todes nun, da seine Liebe zu ihr nahezu unaussprechlich geworden war. Nicht, dass ihm keine Verse mehr einfielen, doch er beschließt nach einem letzten, die Tote verherrlichenden Sonett und einer weiteren *mirabile visione, solange zu schweigen, bis er sich der Gebenedeiten würdiger erweisen werde – di non dire più di questa benedetta infino a tanto che io potesse più degnamente trattare di lei.* Das heißt, er schweigt, bis er sich dazu fähig fühlt, die *Göttliche Komödie* zu schreiben.

Würdiger – più degnamente –, dieses Wort hatte es in sich. Dante war nämlich zwischenzeitlich seiner *benedetta* untreu geworden und hatte sich einer anderen *bella donna* genähert. Sie sah eines Tages ihm, dem Trauernden, von einem Fenster zu. Ihr Mitleid mit ihm rührte ihn so sehr, dass er zarte Gefühle für sie empfand und sie darauf gerne heimlich aufsuchte. Schon wollte er sein Herz ganz jener edlen Dame weihen, da verflucht er seine Augen – *maladetti occhi* – und ermahnt sie in folgenden Versen:

> »O, Eure Eitelkeit gibt mir zu denken,
> Ja füllet mich mit Schrecken: allzu sehr

Seh' ich den Blick auf eine Frau euch lenken.
Nein, nein, ihr dürftet nie auf dieser Erden
Der Herrin, die gestorben, treulos werden«.
So spricht mein Herz und seufzet bang und schwer.

»La vostra vanità mi fa pensare
e spaventami sì, che io temo forte
del viso d'una donna che vi mira.
Voi non dovreste mai, se non per morte
la vostra donna, ch' è morta, obliare«.
Così dice 'l meo core, e poi sospira.

Das war der Grund, weshalb ihm Beatrice in den letzten Canti des *Purgatorio* mit nicht eben lieblicher Miene begegnete. Sie hatte den Gang seiner irdischen Vergnügungen vom Himmel aus sehr wohl verfolgt. Der Kampf zwischen *dem Appetit seines Herzens (l'appetito del cuore)* und *der Vernunft seiner Seele (la ragione del' anima)* war ihr nicht entgangen. Deshalb der frostige Empfang. Er, der Schwerenöter, musste dafür büßen, war aber am Ende, wenn auch unter Qualen, gern dazu bereit. Immerhin hatte er seine vermaledeiten Augen ja zum Schluss besiegt, ohne dass sein herzhafter Appetit gestillt worden wäre.

Dante wusste zu genau, dass er der Gebenedeiten nie und nimmer untreu werden durfte, war doch nicht allein ihr Leben in geradezu heiligen Bahnen verlaufen, ihr Sterben war es in noch ungleich größerem Maße.

***

Die Neun! Immer wieder die Neun! Beatrice wurde nicht nur von dieser Zahl hofiert, *sie war selbst diese Zahl*, schreibt Dante – *questo numero fue ella medesima.* Er meint es *als Gleichnis – per similitudine –* und zwar erwartungsgemäß so: Wenn Drei die Wurzel aus Neun ist, weil sie ohne Hilfe einer anderen Zahl mit sich selbst vervielfacht Neun ergibt, dann liegt der Neun die schöpferische Zahl *der mirabile Trinitade* zugrunde, die Drei und zugleich Eins ist – Ursache aller Wunder dieser Welt. Was man dagegen nicht erwartet, ist, dass Beatrice selbst der Trinitade gleichen soll – *ch'ella era uno nove, cioè uno miracolo. Sie selbst war das Mirakel.* Das jedenfalls, schränkt Dante ein, sei die Deutung, die ihm am meisten gefalle.

Langsam wird es Zeit, von der Wirklichkeitsebene in die höhere, die religiöse, zu wechseln. Dantes Liebe ist nicht un amour fou, wie man denken könnte. Es ist un amour fictif. Er fingiert sie als eine göttliche und untermauert sie durch Beatrices Lebens- sowie Todesdaten. Nach der arabischen Kalenderrechnung – *(schied) ihre adelige Seele in der ersten Stunde des neunten Tags des Monats von uns – la sua nobilissima anima si partio ne la prima ora del nono giorno del messe –,* nach der syrischen im neunten Monat des Jahres. Bei ihrer Geburt indes *(standen) all die neun beweglichen Himmel in dem vollkommensten Einklang.* Das gelte für beide Weltbilder: *für das ptolemäische wie für das christliche – secondo Tolomeo e secondo la cristina veritade.*

Den Begriff des Weltbilds, der das Problem der Wahrheit meidet und mit dem ich mich behelfe, den wählt Dante nicht. Das würde bereits eine gewisse Distanz zur Schöpfung nahelegen und die Gestalt der Beatrice als deren nobelstes Geschöpf desavouieren. Sie, die der wundertätigen Dreieinigkeit so gleichen soll – darf man fragen, wem von diesen Dreien sie am meisten gleicht? Obwohl sie doch alle eins sind.

Vielleicht kann mir Dantes Lektorin, wie bereits oben, bei dieser Frage weiterhelfen, obwohl sie auf den Text *La Nuova Vita* nur kurz eingeht. Da aber mit dem Tod von Beatrice die Drift zur *Göttlichen Komödie* beginnt, sind Sibylle Lewitscharoffs romanhafte Lektionen erneut gut zu gebrauchen.

Im *Pfingstwunder* tritt Beatrice als Vorbotin, ja als Vertreterin Christi auf, was ganz plausibel ist, da sie in Dantes *Commedia* als Sonne figuriert. Von dort her, aus dem Osten, ist Christus seit langem erwartet worden. Wie häretisch so ein Ansatz ist – eine Frau als Inkorporation des Gottessohnes –, darauf weist Lewitscharoff mit großem Nachdruck hin, wie überhaupt auf manches Lästerliche, was Dante seiner Epoche zugemutet hat.

Spielte man die Möglichkeiten des Mirakels durch, so dürfte man auch nicht davor zurückschrecken, in Beatrice die Inkarnation des Heiligen Geistes zu vermuten – eine Taube, die der Sonne entgegenfliegt. Wir befinden uns schließlich in einer Komödie. Liegt aber nicht die Variante näher, sie mehr mit einer Figur zu identifizieren, die sie schon in Florenz verehrte? Jedenfalls behauptet Dante das. Der HERR habe sie demnach an ihrem Todestag nicht einfach so zu seiner Herrlichkeit berufen, sondern unter einem ganz bestimmten Zeichen – *sotto la insegna di quella regina benedetta virgo Maria –*, heißt es wörtlich. Sie wurde von IHM ausersehen, im Sterben die Jungfrau Maria zu verherrlichen. In einem Nachsatz lässt uns Dante wissen, der Name der Gottesmutter sei von Beatrice bereits zu Lebzeiten mit *höchster Ehrerbietung – in grandissima reverenzia* – genannt worden.

Zu dieser Variante würde passen, dass, wenn sie in Florenz durch eine Straße kam, die Leute gleich zusammenliefen, um sie anzusehen. Sobald sie sich einem jedoch grüßend näherte, wurde man von ihrer *onestade (Ehrbarkeit)* so angesteckt, dass man weder wagte, die Augen zu ihr zu erheben, noch, ihren Gruß zu erwidern. Das machte sie indes nicht hoffärtig. Sie blieb stets demutsvoll und erschien allen, die ihr begegneten – also nicht nur Dante, wie er extra betont –, als eine Personifikation beseligender Anmut.

Kein Wunder nach all dem, dass sie so früh verstarb. Schon mit 24. Ihr Tod war kein gewöhnlicher. Der HERR höchstselbst hatte ein Auge auf sie geworfen. Er sehnte sich so sehr nach ihr, dass er sie nicht länger dem nervenaufreibenden Treiben im tumultuösen Firenze überlassen wollte. Diesem Nachweis gilt die längste und vielleicht reizvollste Canzone in der *Nuova Vita:*

Ita n' è Beatrice in l'alto cielo,
nel reame ove li angeli hanno pace,
e sta con loro, e voi, donne, ha lassate:
no la ci tolse qualità di gelo
né di calore, come l'altra face,
ma solo fue sua gran benignitate;

chè luce de la sua umilitate
passò li cieli con tanta vertute,
che fè maravigliar l'etterno sire,
sì che dolce disire
lo giunse di chiamar tanta salute;
e fella di qua giù a sé venire,
perchè vedea ch'esta vita noiosa
non era degna di sì gentil cosa.

Ja, Beatrice schied zum sel'gen Reiche,
Den Höhen, wo die Engel friedlich wohnen,
Und weilet dort, – euch, Fraun, ließ sie allein!
Es raubte nicht die Kälte sie, die bleiche,
Noch Fieberhitze; zu der Sel'gen Thronen
Ging sie durch ihrer Seele Güte ein.
Denn ihrer süßen Demut lichter Schein
Drang zu des Himmels Höhn mit solcher Macht,
dass in des höchsten HERRn erhabnem Sein
Ein Sehnen süß erwacht,
Solch lieblich Heil in seinem Reich zu sehen, -
Und so hieß er sie denn von hinnen gehen,
Weil er wohl sah, dass dieses öde Leben
Nicht würdig solcher Lieblichkeit gegeben!

Noch kunstvoller als in der *Commedia* sind die Terzinen Dantes hier verfasst. Zumindest in den ersten Versen. Ihre Reimstruktur im Deutschen genau nachgeahmt zu haben, dafür gebührt dem Übersetzer größtes Lob. Das muss sich jemand erstmal zutraun. Und das geht so fort in dem nicht enden wollenden Lobgesang auf die holdseligste der Frauen, die je den Boden von Florenz betreten hatte.

Dem Leser bleibe überlassen, ob ihn diese Deutung Dantes eher überzeugt: die Liebe zu Beatrice als einer Reinkarnation Marias und nicht so sehr als Stellvertreterin des Sohnes. So oder so, das Mirakel, das der Dichter in ihr sieht, wird nur schwer aufzulösen sein. Ganz leicht dagegen lässt sich ein Urteil über *La Nuova Vita* fällen: Es ist ein wundervoller Text, der dazu voller

Wunder steckt. Mit einem Dante als wunderlichem Liebhaber, der nach der Begegnung mit Beatrice sein Leben neu beginnt.

Bereits als Liebhaber erleidet er regelrechte Höllenschmerzen, doch es ist ja bloß die Vorhölle, in der er sich befindet. Die wahre Hölle, die er als Weggefährte des Vergil durchschreitet, setzt erst später ein, und die Schmach, von seiner Liebsten wie ein unartiges Kind behandelt zu werden, muss er erst im *Purgatorio* über sich ergehen lassen. Ins *Paradiso* erhält er schließlich Zutritt nur als reuevoll in sich gekehrter Sünder, der sich zu seiner Schuld bekennt.

Die Apotheose beider Liebender, die die *Divina Commedia* beendet, gehört in dies Kapitel nicht hinein. Es beschränkt sich vornehmlich darauf, das, was der *Komödie* voraufging, zu beschreiben, mit dem Schwerpunkt der teils tragischen, teils komischen Effekte jenes göttlichen Grußes, der für den armen Dante fast verhängnisvoll gewesen wäre, hätten seine segensreichen Wirkungen nicht am Ende überwogen.

III. ENTRÉE OHNE CHARME

DIE GRUSSLOSE DIRETTRICE

Ob der Umweg über Dante den Leser wirklich, wie es beabsichtigt war, erheiterte, ist eine schwache Hoffnung. Schön wäre es, wenn das vorangegangene Kapitel wenigstens zur Bewunderung der beiden Liebenden beigetragen und einen Weg gewiesen hätte, dem Wert des Grüßens generell größere Beachtung zu schenken.

In dem spontan von Nutzern der Staatsbibliothek gebildeten Komitee zur Verbesserung der Empfangssituation, das in Band 1 erwähnt wurde, gab es verschiedene Ansichten darüber. Eine war besonders denkwürdig. Sie stammte von einer jüngeren Kulturhistorikerin. Dem Vorschlag, das Grüßen zu einem gemeinsamen Anliegen zu machen, konnte sie nicht gänzlich folgen. Nur partiell. *Partiell* war das Wort, das sie gebrauchte. Welche Motive sie dabei geleitet hatten, war nicht mehr in Erfahrung zu bringen. Das Komitee löste sich unmittelbar nach der ersten Begegnung mit der Generaldirektorin auf. Ein neues, das zur Klimaverbesserung in der Bibliothek beitragen wollte, ereilte das gleiche Schicksal. Es bestand allerdings auch nur aus einer Person. Sie sah schnell die Aussichtslosigkeit ihres Unterfangens ein.

Die Begegnung mit der Direttrice verdient trotzdem eine genauere Betrachtung. Zunächst ließ sie das Komitee über ein Jahr lang warten, nahm sich dann aber eine ganze Stunde Zeit, ihm zuzuhören. Das ist indes ein Euphemismus. Zuzuhören erwies sich nicht als ihre Stärke. Nie zuvor wurde ich Zeuge eines Auftritts dieser Art, wenigstens nicht von einer Führungsperson. Es ging um Verbesserungen im Maschinenraum des Schiffskörpers – genauer, um problematische Zustände an der Garderobe und am Drehkreuz, in einem Wort: um die Eingangs-Situation. Der erste Eindruck, ob der einer Person oder

der eines Gebäudes, ist immer entscheidend. In Bruchteilen einer Sekunde steht das Urteil fest – Daumen hoch, Daumen runter.

Kaum klangen die Probleme an, wurden sie von der ersten Dame des Hauses auch schon in Abrede gestellt. Es könne gar nicht sein, dass dort etwas schief liefe. Alles stünde unter genauer Beobachtung der verantwortlichen Stellen und sei in bester Ordnung. Sie bezeichnete die höflich vorgebrachten Schilderungen kurzerhand als unwahr, sogar mehrmals hintereinander.

Nur mit erheblicher Verzögerung ließ sie sich darauf ein zu akzeptieren, dass vielleicht doch nicht alles völlig rundlaufe, sonst hätte das Komitee sie wohl kaum über ein Jahr lang vergeblich um einen Termin gebeten. Tatsächlich lief eine Menge schief. Man kann sogar sagen, es ging da unten ziemlich drunter und drüber. Als schließlich der Vorwurf zur Sprache kam, sie grüße nicht, schien ihre Geduld am Ende. Auch der gut gemeinte Einwand, sie habe vielleicht subjektiv den Eindruck, es zu tun, es käme nur nicht objektiv zum Ausdruck, besänftigte sie nicht. Zu hart schien ihr die ebenfalls nicht unerwähnt gebliebene Tatsache zugesetzt zu haben, Mitarbeiter der Bibliothek würden sie nun aus Protest ebenfalls nicht mehr grüßen.

Der Tatbestand ist aus dem ersten Band bereits bekannt. Weshalb er hier im zweiten wieder aufgegriffen wird, hat mit seiner elementaren Bedeutung zu tun. Wenn der Kapitän auf einem Kreuzfahrtliner die Mitglieder seiner Besatzung nicht begrüßt, hat er seinen Beruf verfehlt. Es gehört sich einfach nicht. Irgendwann werden es die Gäste zu spüren bekommen. Das ungehobelte Verhalten setzt sich fort bis in die kleinsten Winkel des Schiffes. Nicht anders in der Staatsbibliothek. Nach Befragen weiterer Mitarbeiter bestätigte sich das Bild. Manche aus dem Maschinenraum sehen die Direttrice so gut wie nie. Sie wird bestimmt die Mitarbeiter der höheren Hierarchieebenen noch registrieren, nicht aber die der unteren. Wen man nicht kennt, den grüßt man nicht.

Einem Gerücht zufolge musste sie sich einmal Hilfe holen, als es darum ging, die Buchausgabe zu besuchen. Sie befindet sich im Rumpf des Schiffes, unweit des Eingangs. Eine für

Nutzer wichtigere Abteilung gibt es nicht. Da erhalten sie die Bücher, mit denen sie dann auf den oberen Decks arbeiten müssen. Sie lässt sich als der eigentliche Schiffsmotor, der einen durch die Wissensfährten dirigiert, bezeichnen. Wer den Weg dorthin nicht von alleine findet, sondern Hilfe in Anspruch nehmen muss, weil er nicht einmal genau den Eingangsbereich kennt, der ist als Käptn eines Dampfers dieser Art schlicht fehl am Platz.

Was für das Verhalten auf Luxuskreuzern gilt, gilt auch für das Verhalten in Hotels, egal wie viele Sterne sie besitzen. Unabdingbar ist es in einem Luxushotel wie der Staatsbibliothek. Wenn gleich beim Entrée etwas schief läuft, hat das Haus schlechte Karten. Obwohl die Direttrice ursprünglich von der Architektur herkommt, scheint sie in die Geheimnisse des Gebäudes von Scharoun nicht eingeweiht zu sein. Hoteldirektoren, die ihre Mitarbeiter nicht grüßen, sind unvorstellbar. Sie würden die internen Abläufe gefährden, da sich das Fehlverhalten bis in die Hotelhalle, wo die Gäste erstmals auf die Angestellten treffen, fortzupflanzen pflegt. Als Gast vom Personal dort nicht gegrüßt zu werden, ist ein Ding der Unmöglichkeit. Sollte es trotzdem passieren, wird sich das Etablissement nicht lange über Wasser halten, weil die Kundschaft ausbleibt.

***

Eine Institution wie die Berliner Staatsbibliothek kann sich, anders als ein gewöhnliches Hotel, so lange über Wasser halten, wie sie finanziert wird. Bund und Länder, die sich die Finanzierung teilen, lassen Boote dieser Sorte nicht so leicht auf Grund laufen. Daher hat das Verhalten an Bord auch keine Konsequenzen – ausnahmsweise sind es diesmal die Hotelgäste, die sie zu tragen haben.

Glücklicherweise ist der Bibliothek das Iberoamerikanische Institut angeschlossen. Dorthin wandert denn so mancher ab, der sich die Behandlung seitens des Bordpersonals nicht länger gefallen lässt. Die Informationstheke auf dem Hauptdeck sorgt zum Beispiel für den einen oder anderen Affront. Nicht alle Mitarbeiterinnen und Mitarbeiter sind so entzückend wie die, denen ich den ersten Band von *Himmlischer Glanz* gewidmet habe. Es gibt immer sone und solche.

Einen höflichen Gruß sollte jeder Gast erwarten dürfen. Das ist indes in dem Haus 2 am Potsdamer Platz durchaus nicht üblich. Was von der Spitze des Hauses nicht vorgelebt wird, setzt sich nach unten fort. Hier, dicht an der Reling einer der beiden Galerien, wo ich so gerne sitze, begegne ich seit 1981 einer Bibliothekarin, die mich noch nie gegrüßt hat. Nein, ich übertreibe vielleicht ein wenig. Neulich schien es mir, als täte sie es zum ersten Mal, aber vielleicht täuschte ich mich auch. Seit 1981: Das sind mittlerweile mehr als fünfunddreißig Jahre. Allerdings muss man davon fünfzehn abziehen, die ich berufsbedingt woanders verbrachte. Es bleiben immer noch mehr als zwanzig Jahre übrig. Inzwischen suche ich längst die Schuld bei mir. Bin ich es, der sie laufend daran hindert, mich zu grüßen? Grüße ich meinerseits zu ungelenk, lasse ich es an höflichem Verhalten fehlen?

Das Betragen der genannten Bibliothekarin ist ein Sonderfall, zugegeben. Sie schaut am liebsten auf den Boden, um der Begegnung zu entgehen. Ihr Typus ist der einer unauffälligen, strebsamen Kraft – eine Person, die sicher ihre Arbeit anstandslos verrichtet. Der Direttrice wär sie nie ein Dorn im Auge. Nur gehört sie nicht an Deck, nicht dorthin, wo die Schiffsgäste sich tummeln. Im inneren Bereich, hinter den Kulissen, fiele sie gewiss nicht unangenehm auf.

Dieser Typus stirbt offenbar allmählich aus. Vom angelsächsischen Bibliothekswesen scheint eine neue Type zu uns herüberzuschwappen. Aus der Staatsbibliothek selbst stammt eine einschlägige Bachelorarbeit, die mit einem Preis gekrönt wurde. Danach dürfen Bibliothekarinnen auch sexy sein, um nur von den Frauen zu reden. Dieser lange Zeit nur ihnen vorbehaltene Beruf wird allerdings allmählich von Männern unterwandert. Es wird spannend sein, wie sich die neuen Trends auf das Verhalten an Bord auswirken. Solange von der Kapitänin jedoch kein neues Signal ausgesendet wird, hält sich die Spannung in Grenzen.

Die arme Direttrice! Hier ist endlich ein Wort zu ihren Gunsten fällig. Wahrscheinlich hat mich der ähnliche Klang der

Namen zum Übermut verleitet. Natürlich hat jede Bibliotheks-
leiterin im Vergleich zur göttlichen Florentinerin das Nachse-
hen. Sie muss die ideale Konkurrenz ja auch nicht aushalten.
Es geht weder um einen Schönheitswettbewerb, noch um einen
Wettbewerb der tugendsamen Seelen. Wer mit Vierundzwanzig
schon in sakrale Sphären aufsteigt, hat darüber hinaus das Plus
für sich, im Leben, das danach erst richtig anfängt, keine Feh-
ler gemacht zu haben. Schon gar nicht in der Leitung einer so
schwierigen Institution wie der Staatsbibliothek mit ihren Hun-
derten von Mitarbeitern. Über achthundert sind es inzwischen.
Sie alle kennenzulernen, gar mit ihren Namen anzusprechen, erfordert erhebliches Gedächtnistraining. So mancher andere Di-
rektor geriet dabei bereits ins Straucheln. Und doch: Wer solche
Häuser führt, sollte dazu in der Lage sein. Nichts ist unmöglich.

Eine Direttrice ist nicht verpflichtet, toskanischen Liebreiz
auszustrahlen. Vermutlich würde ihr das von ihren Unterge-
benen nicht einmal hoch angerechnet. Der Umweg über Dante
will vor allem für das Grüßen werben. Für den höflichen Gruß.
Mehr nicht. Aber auch nicht weniger. Der höfliche Gruß hat mit
dem huldvollen Gruß Beatrices dies gemein, dass beide demü-
tige Formen des Verhaltens sind. Doch Demut gehört nicht unbedingt zum Katalog moderner Tugenden. Gute Führung setzt
Demut allerdings voraus. Ohne sie ist man bald aufgeschmissen.

Die Staatsbibliothek zu Berlin ist nicht irgendeine Bibliothek. Sie ist ein Flaggschiff der Stiftung Preußischer Kulturbesitz. Und das in doppelter Bedeutung. Zumindest was das Haus
2 betrifft, jenen stolzen Kahn, den Scharoun und Wisniewski
hart an der dann ungebaut gebliebenen Westtangente vor Anker gehen ließen. Auch wenn der Kahn nicht kentern kann, jedenfalls nicht, solange die öffentlichen Gelder fließen, sollte die
Stiftung Flagge zeigen und ihre Führungspositionen so besetzen, dass sich die Schiffsbesatzung halbwegs musterhaft verhält
und die Gäste auf ihrer Kreuzfahrt davon profitieren können.

ORTLOSE ORGANISATION

In einem für jeden Interessierten einsehbaren Papier, *Strategie 2015-2020*, das die Staatsbibliothek auf ihrer Netzseite ausstellt und das auch als relativ aufwendig gestaltete Broschüre erhältlich ist, heißt es, sowohl für die nach außen gerichteten als auch für die internen Abläufe sei der Servicegedanke oberster Maßstab. Die gelebte Führungskultur zeichne sich durch Verantwortungsbewusstsein, Verlässlichkeit und Transparenz aus.

Solche Formulierungen finden sich mittlerweile in jedem Strategiepapier, das etwas auf sich hält. Vor allem die Betonung der Führungskultur darf in keinem Strategiekonzept mehr fehlen, seitdem es sich herumgesprochen hat, dass meist die schönste Organisation nichts nutzt, wenn sie nicht von einer bestimmten Kultur geprägt ist. Sprechen daher leitende Personen von Führungskultur und verankern sie obendrein strategisch, sind sie als moderne Organisatoren ausgewiesen. Welcher Institution sie auch vorstehen, sie ist organisatorisch gewissermaßen auf Zack.

Das genannte Papier wurde von der Generaldirektorin herausgegeben und von ihr sowie dem Präsidenten der Stiftung Preußischer Kulturbesitz auch eingeleitet. Alles höchst offiziell. Daran gibt es kaum etwas zu mäkeln, schon gar nicht an der längerfristigen Ausrichtung bis 2020. Selbst auf halber Strecke kann niemand erwarten, dass der Prozess der Umsetzung seinem Ziel schon nahegekommen wäre. Die Probleme, namentlich in großen Organisationen wie der Staatsbibliothek, sind immens. Selbst ein Scheitern ist keine Schande.

Was man dagegen erwarten dürfte, wären wenigstens minimale Fortschritte. Die aber sind seit 2015 kaum zu erkennen, jedenfalls wenn man Mitarbeiter der Bibliothek aufs Geratewohl dazu befragt. *Aufs Geratewohl* besagt, dass damit wiederum keine statistisch gesicherten Erkenntnisse verbunden sind. Es handelt sich lediglich um Einblicke, die nicht fürs Ganze sprechen können, um Einblicke allerdings, die zu denken geben. Wen ich auch mit meinem strategiebezogenen Fragenkatalog bedrängte – entweder wurde sofort abgewinkt oder leicht gelacht, in dem Sinn: Papier ist geduldig.

Im einzelnen wollte ich wissen, wie sich denn die beschworene Führungskultur inzwischen auswirke, ob die Trias von *Verantwortungsbewusstsein, Verlässlichkeit und Transparenz* unter den Mitarbeitern schon irgendwie zu spüren sei. Zu oft bekam ich die Antwort, es fehle an allem. Paradebeispiel: Der innerhäusliche Email-Verkehr. Da schreibe man, aber kriege keine Antwort oder, wenn überhaupt, dann zu spät – ein kleines, aber klares Zeichen dafür, dass alle drei Tugenden der Trias zusammen verletzt werden.

Um die Mitarbeitermotivation zu steigern, steht an anderer Stelle, werde die Staatsbibliothek in den kommenden Jahren den strategischen Handlungsbereichen Kommunikation etcetera besondere Aufmerksamkeit entgegenbringen und sich der Weiterentwicklung der Führungskultur widmen. Führungskräfte seien Vorbild für abteilungsübergreifendes Denken und Handeln. Sie förderten Kompetenzen und Eigenverantwortlichkeit – alles zweifellos schwer zu behandelnde Punkte. Deren Durchsetzung sieht sich aber schon im Ansatz vor unnötig große Hürden gestellt, wenn vor allem die bei der Generaldirektion angesiedelten Abteilungen gegenüber denen unter ihnen zur Abschottung neigen.

Das Strategiepapier ist gut zu lesen, aber eben auch so, als wäre es aus gängigen Organisations-Fibeln zusammengeschrieben. Alles ist stimmig, doch stimmen tut nahezu nichts. Ein unvoreingenommener Beobachter würde vom vorliegenden Text nicht darauf schließen können, um welche Organisation es sich eigentlich handelt. Die *Strategie 2015-2020* trifft auf alle Organisationen zu und auf keine, jedenfalls auf keine spezifische, wie etwa die einer Bibliothek. Schon gar nicht trifft sie auf die der Berliner Staatsbibliothek zu oder doch insofern, als diese sich an einem ortlosen Ort befindet. Statt *insofern* passt hier wohl besser das Wort, welches Martin Heidegger einmal in seinen Vorträgen zur Sprache gebrauchte: *insonah*.

Die Nähe des Papiers zu diesem verwunschenen Ort ist unübersehbar. Nur hat hier ein genialer Architekt aus dem Unort einen teilweise zauberhaften Ort gemacht, indem er nicht irgendein Gebäude in die Wüstenei platzierte, sondern einen luxurierenden Schiffskörper, der vergeblich seinesgleichen sucht.

***

Mit Recht würde sich jede dem Haus 2 verbundene Führungsperson beschweren, bliebe es bei der bisherigen Bewertung der Strategie. Von den insgesamt fünf Handlungsfeldern wurde nur eins, das letzte, herausgegriffen: das über *Organisieren und Kommunizieren*. Es steht zwar nicht ohne Grund am Schluss, da es alle anderen Handlungsfelder durchwirkt, aber die vier ersten gar nicht zu erwähnen, wäre denn doch eine grobe Fahrlässigkeit. Es geht in ihnen um nicht weniger als die entscheidenden Bereiche wie *Sammeln und Bewahren*, *Erschließen und Erforschen*, sowie *Bauen und Gestalten*. Nicht zu vergessen der Bereich *Vernetzen und Vermitteln*. Er ist vielleicht sogar der wichtigste von allen, weil er gut und gerne irgendwann die ganze Bibliothek ersetzen könnte, indem alle Nutzer nur noch online gingen. Aus guten Gründen legt die Generaldirektorin auf dieses Handlungsfeld den größten Wert.

Man stelle sich kurz vor, was mit der Staatsbibliothek geschähe, wenn dies ihre Zukunft wäre. Das stolze Schiff läge da – fast verwaist, ohne Leben an Bord, seines früheren Motors beraubt. Die Direktorin wäre aus dem Schneider. Sie brauchte sich nirgendwo mehr blicken zu lassen. Auf nähere Kenntnisse des Schiffsrumpfs könnte sie, wie schon jetzt, frohgemut verzichten.

Wie gut, dass das Buch mit seiner haptischen Wirkung noch nicht ausgedient hat. Ein Abgesang scheint wenigstens verfrüht. Nicht verfrüht, eher verspätet ist es indes, auf die Verwandlung des Motorraums der Bibliothek hinzuweisen. Es sind längst zwei Motoren, die sie antreiben, der eine davon unsichtbar im digitalen Datenraum versteckt. Er treibt ein Schiff, das gleichsam im

Kosmos kreuzt, einen Dampfer, der im Universum unterwegs ist, in das sich die Meere des Wissens inzwischen ergießen. Nur von dem sichtbaren Motor zu reden, wäre also mehr als bedenklich. Und doch ist er so lange unabdingbar, wie es genügend Nutzer gibt, die nach wie vor ohne ihn nicht auskommen. Mit dieser Einschränkung möge er weiterhin im Zentrum der Überlegungen stehen, die sich auf die Organisation beziehen.

Strategische Erörterungen gab es in der Führungsetage der Staatsbibliothek mindestens seit 2013. Sie wurden auf dem Bibliothekartag in Leipzig von Loes Broekmate vorgetragen und sind dann – mit einem Korreferat der Generaldirektorin –, in das spätere Papier eingeflossen. Broekemate hatte es besonders auf die Selbstbewertung der Bibliothek abgesehen und da vordringlich die Stärkung der gemeinsamen Identität nach innen im Blick gehabt. Wie aber soll eine solche Identität gestärkt werden, wenn die Herkunft des Hauses, in dem man sich bewegt, noch nicht geklärt ist – wenigstens die des Hauses 2, das hier im Mittelpunkt steht? Keine Zukunft ohne Herkunft.

Dem könnte entgegnet werden, es genüge, für eine Institution wie die Staatsbibliothek zu arbeiten, um sich gehoben zu fühlen. Tatsächlich finden sich Äußerungen zuhauf, die auf einen gewissen Stolz, einem solchen Haus anzugehören, schließen lassen. Bei den fest Angestellten wird meist auch auf die sichere Einkunftsquelle verwiesen, die aus Bund und Ländern sprudelt – ein Aspekt, der nicht zu unterschätzen ist. Beides stärkt das Zugehörigkeitsgefühl sicher enorm. Beides ergibt die Identität von Bibliothekaren, deren Status gegebenenfalls noch durch Verbeamtung vergoldet wird. Größere Anstrengungen zur Steigerung der Motivation wären danach vielleicht gar nicht mehr nötig.

Mit einer so gearteten Identität kommt man zweifellos in einem Haus wie dem am Berliner Kulturforum zurande. Sie würde über die Fallstricke der *Strategie 2015-2020* hinweghelfen. In der Tat sind die Serviceleistungen der Bibliothek nicht zu beanstanden. Die Frage ist nur, ob eine solche Identität ausreicht, um die Ideen des Architekten zu verwirklichen. Anders gesagt: Entspricht sie dem Geist des Hauses 2? Wird sie ihm gerecht? Das sind rhetorische Fragen. Antwort: Nein.

Bei aller Liebe zu dem in der Staatsbibliothek geleisteten Service – diese Bibliothek ist keine Bibliothek unter anderen, sie ist auch nicht nur einfach eine Staatsbibliothek. Sie residiert in einem phänomenalen, den Unort, an dem es steht, höchst eigenwillig deutenden Gebäude, dazu mit einer kunstvoll arrangierten Mehrzahl hängender Büchergärten, die sich zu einer paradiesisch anmutenden Raumflucht ergänzen. Zu einem Haus von solcher Prägung passen keine Leute, die sich bloß als Bedienstete einer Bibliothek verstehen – und sei es auch die Staatsbibliothek. Ihre Identität bedarf einer zusätzlichen Note, die, soweit zu sehen, in keiner anderen Bibliothek, auch keiner anderen Staatsbibliothek, ob Bibliothèque Nationale oder British Library, erwartet wird. Beide, hier wahllos herausgegriffen, mögen ihr Berliner Pendant an Pracht sogar noch übertreffen. Aber im Unterschied zu ihnen benötigt ihr Gegenstück am Potsdamer Platz etwas Einzigartiges, etwas, das ihre Alleinstellung ausmacht: eine Schiffsbesatzung! Natürlich eine, die sich vorrangig im Buchwesen auskennt.

Dreimal effektiver und preiswerter als alle Strategiepapiere und Identitätserwägungen zusammen wäre es gewesen, den Bediensteten der Staatsbibliothek ein paar Filme des ZDF aus der Serie *Das Traumschiff* vorzuführen.

SERVICEUNTERNEHMEN ALS VORREITER?

Manche Firmen haben einen siebten Sinn. Als sich die Generaldirektion der Bibliothek entschloss, der früheren Sicherheitsfirma, die für das Drunter-und-drüber im Maschinenraum mitverantwortlich war, Adé zu sagen, änderte sich die Situation dort unten schlagartig. Das lag nicht so sehr an den Angestellten der neuen Firma. Zum Teil wurden sie von der alten übernommen. Es lag an ihrem Erscheinungsbild. Sie traten in einheitlicher Kleidung auf – in blauen Kostümen mit weißen Hemden. (Rote Schlipse und Schleifen gehören wahlweise dazu.) Wusste man höheren Orts, in welchem Gebäude die Angestellten ihren Dienst versehen würden? Wusste man um dessen besondere Note?

Das kann man verneinen. Aber anzunehmen ist, dass die neue Firma einvernehmlich handelte, d.h. in Kenntnis der Generaldirektorin. Sicher bin ich mir da jedoch keinesfalls. Der Kapitänin müsste sonst längst aufgefallen sein, dass etwas am Erscheinungsbild der Eingangshalle nicht mehr stimmt. Etwa am Drehkreuz, das jeder Nutzer zu passieren hat. Von zwei Personen ist es zu besetzen: einer für den Eingang, einer anderen für den Ausgang. Bislang waren an dieser Stelle nie Unterschiede auszumachen. Auf beiden Posten saßen Personen in selbst gewählter Kleidung. Nun aber kommt es vor, dass eine in blau-weiß dort sitzt und die andere nicht. Ein Unterschied wie Tag und Nacht.

Wie in vielen staatlichen Institutionen werden Dienste dieser Art von Serviceleistern übernommen, die ihre Leute gewerbemäßig ausleihen. Die Firma *Guard*, die jetzt für den Service verantwortlich ist, fällt genau durch diese einheitliche Kleidervorschrift auf und hat sich dadurch offensichtlich einen großen Vorteil vor anderen Unternehmen dieser Art verschafft.

Jedenfalls trifft das für die Berliner Institutionen zu. Überall kann man die gut gekleideten Mitarbeiter sehen, vor allem in Museen. Überall die gleiche blau-weiße Dienstbekleidung – Uniform darf man dazu nicht sagen. Die trägt nur die Polizei mit ihren entsprechenden Hoheitsrechten.

Die Firma *Guard* hat sich diese Vorschrift also nicht extra für die Staatsbibliothek ausgedacht. Doch dort trifft sie damit ins Schwarze. Ihre Leute sehen aus, als wären sie für diese und nur für diese Institution bestellt. Als käme jetzt endlich die Schiffsbesatzung zum Zug, die diese Bibliothek von Anfang an verdient hatte.

Man müsste tief in die Psychologie der Farbenlehre tauchen, um zu verstehen, warum das Blau-weiß so ausgezeichnet zu einer Schiffsbesatzung passt. Das gleiche Bild beim Flugpersonal. Es sieht einfach gepflegt aus. Man fasst sofort Vertrauen, man fühlt sich sicher. Die Farbkomposition Blau-weiß signalisiert: Das Schiff, das Flugzeug – es ist gut geführt. Man erreicht sein Ziel, muss sich nicht kümmern. Für die Fahrgäste wird vorbildlich gesorgt.

Die Sache ist nun die, dass sich zwei Sorten von Mitarbeitern die Dienste im geräumigen Foyer der Staatsbibliothek teilen: zum einen die Angestellten der *Guard*, zum anderen die der Bibliothek. Letztere sind, zumindest überwiegend, Festangestellte. Aber seitens der Generaldirektion gibt es keine Kleidervorschrift. Da kommen alle, wie sie wollen. Ihr Erscheinungsbild könnte unterschiedlicher nicht sein. Wenn nun, sagen wir, eine Angestellte von *Guard* einer Festangestellten der Bibliothek gegenübersitzt, trifft Blau-weiß auf – nennen wir es: Bunt. Ist das ästhetisch anstößig? Die Frage muss man wohl bejahen.

Für die Generaldirektorin fällt es wahrscheinlich wenig ins Gewicht, wenn sie es denn schon bemerkt hat, so selten, wie sie sich im Entrée ihres Gebäudes aufhält. Zumal sie unterdessen ihr neues Chefbüro bezogen hat. Das befindet sich im anderen Haus, Haus 1. Auf ihrer Kommandobrücke in Haus 2 war sie schon weit ab von dem Geschehen. Nun, Unter den Linden, ist sie es noch mehr. Zu weit entfernt womöglich, um ein Gespür dafür zu kriegen, dass der kleidungsmäßig uneinheitliche

Auftritt ihrer Mitarbeiterinnen und Mitarbeiter allen unvoreingenommenen Nutzern sofort ins Auge sticht.

Diese Nutzer – man muss darauf bestehen, um immer wieder an den Geist des Hauses zu erinnern –, diese Nutzer sind keine normalen Nutzer. Sie sind Passagiere eines Schiffes von Scharoun, eines Hotelschiffes dazu, das spezielle Anforderungen an seine Besatzung stellt. Sie besteht natürlich aus Bediensteten einer Bibliothek, aber sie sind zugleich, und zwar in Personalunion, Matrosen, weibliche und männliche. Für die oberen Ränge, die Schiffsoffiziere, gilt das in verstärktem Maße. Und der Käptn? Der trägt sowieso Blau-weiß, einfach weil es standesgemäß ist. Für die Kapitänin gilt das gleiche.

***

Die Tatsache, dass sich die Generaldirektorin für die Firma *Guard* entschied, ist ein Geschenk des Himmels. Mit der vorherigen Firma wäre der Vorstoß in Richtung einer neuen Anzugsordnung nicht einmal denkbar gewesen. Wer zu den Firmenangehörigen, wer zu den Festangestellten gehörte, war auf den ersten Blick nicht zu erkennen. Das kann man in mancher Hinsicht begrüßen: Die Standesunterschiede blieben auf diese Weise unsichtbar.

Genau das hat sich jetzt geändert. Aber nicht so, wie man es erwarten würde. Man würde erwarten, dass die Festangestellten der Bibliothek auch vom Anzug her hervorstechen: dort das Stammpersonal, hier die Hilfstruppen. Doch die Firma *Guard* hat die Verhältnisse umgekehrt: Die Hilfstruppen sehen besser aus als das Stammpersonal. Ob *Guard* die Verhältnisse dadurch zum Tanzen bringt? Es sieht nicht danach aus.

Würde jemand herkommen und nun auch dem Stammpersonal die Kleidung vorschreiben, gäbe es gewiss einen Aufschrei. Wer lässt sich schon gerne etwas vorschreiben, noch dazu, wie er sich zu kleiden hat. Das männliche Stammpersonal könnte noch am ehesten dazu bereit sein, hat es doch jetzt schon darunter zu leiden, dass ihm am Abend die Sachen für den nächsten Tag von den Partnerinnen zuhause zurechtgelegt werden. Allerdings beginnen sich diese Sitten und Gebräuche langsam zu ändern, sodass eine größere Verantwortung für das eigene Aussehen auch in die Welt des Mannes Einzug hält. Kreuzte jetzt jemand erneut mit derlei Vorschriften auf, käme man wohl vom Regen in die Traufe.

Was das weibliche Stammpersonal betrifft, so dürfte die Situation noch verzwickter sein. Wer kleidungsmäßig für andere Verantwortung trägt, ob für Männer oder Kinder, wird sich erst recht keine Vorschriften dieser Art gefallen lassen. Aber es fragt sich, wie lange der feminine Blick den Unterschied zu jenen Hilfstruppen erträgt. Das Auge wird sich einbilden, man selber steche doch gar nicht so dagegen ab, oder es wird sich mit dem Wissen um den Standesunterschied beruhigen. Dadurch lässt sich so manches übersehen.

Dem weiblichen Stammpersonal kommt auch zugute, dass die Begegnungen zwischen den Ständen rar gesät sind. Die einen arbeiten im Foyer, die anderen auf Deck. Und da, wo wie im Motorraum auch unterdecks, also im Entrée-Bereich, gearbeitet wird, sind die Blicke auf das Hilfspersonal durch diskret gezogene Wände weitgehend abgeschirmt. Nur am Drehkreuz fällt der Unterschied sofort ins Auge.

Solange die persönlich ausgewählte Kleidung einigermaßen ansehnlich ist, wird alles noch erträglich sein. Nur lässt sich das vom Stammpersonal nicht durchgängig behaupten. Manche haben einen guten, manche einen schlechten Geschmack. Sie folgen ihrem eigenen Gusto. Und wenn auch alle gepflegt aussehen, so kommen sie nur selten gegen die blau-weiße Kostümierung an. Diese Farbkombination hat einfach die gepflegte Erscheinung für sich gepachtet. Da kann man sich anstrengen, wie man will.

Der gewichtigere Einwand gegen die derzeitig vorherrschende Kleider-Unordnung der Bibliothek ist jedoch auf einer anderen Ebene zu suchen. Nicht auf der Ebene der Ästhetik, sondern auf der des öffentlichen Auftritts. Mit einer Kleidung nach Gusto privatisiert das Personal einen Bereich, der dem Privaten gar nicht angehört. So kommt es, dass das Personal von den normalen Nutzern nicht zu unterscheiden ist, was beklagenswerterweise einer mächtigen gesellschaftlichen Tendenz, die alles nur noch schwerer macht, entspricht. Eine durch Steuergelder finanzierte Institution vom Rang der Staatsbibliothek wird durch privates Auftreten seines Personals im öffentlichen Raum indes nicht auf-, sondern abgewertet.

Wäre die Staatsbibliothek eine Stadtbibliothek, würde man es ihr gerade noch verzeihen. Bei einer Stadtbibliothek sieht man nicht so genau hin. Eine Staatsbibliothek dagegen stellt bekanntlich gänzlich andere Ansprüche. Und wenn diese Bibliothek dazu noch ein Hotelschiff ist, gilt um so mehr die Pflicht zu einem makellosen Erscheinungsbild.

Selbst die Kunden eines solchen Schiffes legen hier und da schon Wert auf gute Kleidung, obwohl, obwohl. Die Freizeitkleidung der Deutschen ist – wir haben gerade Sommer –, oft ein Graus. Manch einer erscheint gar in Pantoffeln, als befände er sich bei Hempels unterm Sofa. Blau-weiße Kleidung der Besatzung würde auch ihn vielleicht dazu verführen, sich besser anzuziehen – wer will das wissen! Kunden jedoch, sie, aber auch nur sie, genießen jede Freiheit, sich anzuziehen, wie sie wollen. Das schließt die Freiheit ein, auf noblen Schiffen gar das Recht, sich, wann immer es gewünscht wird, an das Schiffspersonal zu wenden. Wenn dies aber nicht sofort erkennbar ist, wird bereits erste Kritik geäußert und die Güte des Kundendiensts in Zweifel gezogen.

Hotelpersonal und Schiffsbesatzung werden sich irgendwann, schon aus geschäftlichen Gründen, durch perfekte Dienstkleidung ausweisen müssen, ob sie wollen oder nicht. Was für andere Unternehmen gilt – der Trend zu lässigerer Kleidung, jedenfalls einmal wöchentlich am Freitag –, gilt schwerlich für Hotels, schon gar nicht aber für eine öffentliche Institution wie die Staatsbibliothek.

WIR EPIGONEN

Warum fällt es uns so schwer, die Belange eines Gebäudes zu berücksichtigen. Es mag mit dem frühen Tod des Architekten zusammenhängen. Scharoun starb sechs Jahre vor der Einweihung seines letzten Gebäudes. Sein Schüler Wisniewski hat sich zwar nach Kräften bemüht, die Absichten seines Lehrers ins Werk zu setzen, doch wenn der ingeniöse Schiffskonstrukteur während der gesamten Bauperiode am Leben geblieben wäre, hätte sein Wort bestimmt noch mehr Gewicht gehabt. Ob ihm aber gelungen wäre, alle seine gloriosen Ideen zu verwirklichen, ist zu bezweifeln. Zu mächtig sind die Strömungen, die sich ihrer Realisierung widersetzen.

Auch gewissenhaftere Erben seines Baus hätten Mühe, allen seinen Vorgaben zu folgen. Wie soll man gleichzeitig die Forderungen nach einer Hotelhalle, einem Marktplatz und einer Schiffsbibliothek erfüllen! Und das ist ja nicht alles. Wo bleibt das oben bereits besprochene Bollwerk der Geborgenheit, wo schließlich das antike Vorbild, das zur Muße einladen soll. Von ihm wird im nächsten Kapitel ausführlicher die Rede sein. Wir flüchten dafür wiederum in südliche Gefilde, um dem Geist des Architekten weiter auf die Spur zu kommen und in der Hoffnung, uns vom Epigonentum, in das wir selber verstrickt sind, nach und nach zu lösen.

Einen epigonalen Umgang mit der Staatsbibliothek hat Hans Scharoun nicht verdient.

IV. ZURÜCK NACH ITALIEN

VON BERLIN AUF DEN PALATIN

Unter den eingangs zitierten Gedanken Wisniewskis über Scharouns Konzeption zum Bau der Staatsbibliothek findet sich lediglich ein einziger Hinweis, der andeutet, was sich der Architekt mit dem vergleichenden Rückgriff auf antike Vorbilder gedacht haben könnte. Jene oben schon genannten Lese- und Aufenthaltsbereiche im Charakter einer Hotelhalle sollen, es sei zur Verdeutlichung noch einmal wiederholt, *einen überdachten Marktplatz-Charakter – wie in der Bibliothek der Antike – vermitteln und den Menschen zum Studium oder zur Muße einladen.* Ich werde in Scharouns Werk weiter nach einschlägigen Verlautbarungen fahnden, doch bislang bin ich noch nicht fündig geworden. So bleiben nur Mutmaßungen als Ausweg.

Scharoun scheint sich sein antikes Vorbild wie eine altgriechische Agora vorgestellt zu haben, nur überdacht und von außen abgeschirmt, um die nötige Muße zu gewährleisten. In der Literatur zum Thema ist jedoch meines Erachtens weder von einer Nähe antiker Bibliotheken zu Marktplätzen, noch von überdachten Plätzen dieser Art die Rede. Solange mir das Händchen fehlt, um Scharoun auf die Schliche zu kommen, beschränke ich mich notgedrungen auf die vorgefundenen Beispiele. Unter ihnen fällt eins auf, das Scharoun zwar nicht im Sinn gehabt haben kann, dass ihm aber bestimmt gefallen hätte: die Königliche Bibliothek von Alexandria, berühmt geworden unter anderem deshalb, weil sie abgebrannt sein soll.

Diese Bibliothek wurde von Ptolemäus erbaut, einem Feldherrn Alexanders, der später den Königstitel annahm. Er wollte die von Alexander gegründete Stadt nicht nur zur Handels- und Verwaltungsmetropole machen, er wollte sie auch mit einem Kulturzentrum versehen. Wie alle späteren antiken Bibliotheken, sollte dieses Zentrum einem Gott bzw. einer Göttin geweiht sein, in diesem Fall sogar mehreren gleichzeitig: den Musen. Deshalb wurde es das Museion genannt.

Ptolemäus hatte Erfolg. Sein Kulturzentrum errang eine Ausnahmestellung in der antiken Welt und zog die Crême de la Crême damaliger Gelehrter an. Ob es je gebrannt hat, ist unter Archäologen offenbar noch strittig, nicht strittig ist die Methode, mit der die Bibliothek ihre Bestände aquirierte. Alle in Alexandria anlegenden Schiffe – und es waren eine Menge –, wurden sofort auf mitgeführte Bücher untersucht. Fand man welche, wurden sie sofort beschlagnahmt und anschließend kopiert. Die Originale behielt man, die Kopien gingen an die Schiffe zurück. In Ausnahmefällen erfolgte eine Entschädigung. Auf diese Weise kam eine stattliche Sammlung nicht nur von Büchern der griechischen Literatur, sondern der Literatur fast aller Länder zustande. Das Mouseion war gewissermaßen die damalige Library of Congress.

Die erbeuteten Bücher bildeten, so steht es schelmisch in einer zu Rate gezogenen Schrift, einen sogenannten *Schiffsfond*. Doch die Bibliothek selber wird nicht einem Schiff geähnelt haben. Auch im Inneren wohl nicht. Einem Marktplatz wohl auch nicht. Es wird mehr eine Institution für Gelehrte gewesen sein. Als solche hatte sie eine Vorbildfunktion für die gesamte antike Welt. Nicht nur für die ebenfalls berühmte Bibliothek von Pergamon, von der das Eingangstor im gleichnamigen Berliner Museum zu bewundern ist. Diese Bibliothek wurde nun ihrerseits zum Vorbild für jene, die eine ähnlich berühmte Bedeutung erlangte. Sie befand sich in einer noch berühmteren Stadt. Auf einem ihrer sieben Hügel. Doch weder auf dem Kapitol, noch auf dem Aventin.

***

Wie gerne würde ich auf diesen beiden Hügeln wieder länger verweilen – auf dem Aventin wegen des pfingstfrohen Dante-Kongresses, auf dem Kapitol, um Stephan Braunfels und seinem Entwurf für das Kulturforum näher zu sein. Aber sie sind ja dem Palatin, auf den ich nun zusteuern muss, benachbart.

Er liegt genau zwischen ihnen. Und den Monte Capitolino gilt es sowieso wenigstens zu streifen, weil er in Konkurrenz zum Monte Palatino steht. Es ging damals noch nicht um Michelangelos Treppe, die Braunfels gegenüber der Staatsbibliothek zu imitieren meint, sondern um geheiligte Bauwerke. Beide Berge konkurrierten um den wichtigsten Sitz einer sakralen Anlage – letztlich um den Vorrang altrömischer Gottheiten.

Auf dem Kapitol wurde Jupiter mit einem ihm geweihten Tempel verehrt. Doch über ihn, den König der Götter, war, wie man so sagt, die Zeit hinweggegangen. Er war nicht mehr up to date, da unterdessen ein mächtiger Mann mit Gewalt die Spitze des Römischen Reiches adoptiert hatte: Octavian, der Großneffe Cäsars, später sein Adoptivsohn. Nach Cäsars Ermordung setzte er sich in den Wirren um die Macht im Staate schließlich gegen seine Widersacher durch und wurde zum Prinzeps ernannt. Ab 27 v. Chr., als im Januar des Jahres der Ausnahmezustand des Bürgerkriegs offiziell für beendet erklärt wurde, erhielt er den auf einen augurischen Kult zurückgehenden Namen *Augustus* zuerkannt – Beginn der späteren Vergottung zum *Augustus divus*. Der aber erwies nicht Jupiter seine Reverenz, sondern Apoll.

Zunächst war Apoll nur der Schutzgott des Augustus. So auch beim Sieg über Pompeius in der Schlacht bei Philippi 42 v. Chr. –, ein entscheidender Sieg, der seine Herrschaft festigte. Danach avancierte der Schutzgott zum Staatsgott. Dieses Avancement war der Tatsache geschuldet, dass Augustus nach seiner Ernennung zum Auguren Roms eine neue Epoche inaugurieren wollte – eine Friedensepoche. Sie wurde dann zwar nicht so friedlich, wie geplant, war jedoch von einer geschickten Machtpolitik des Prinzeps gekennzeichnet. Sie hat wenigstens zur inneren Befriedung Roms geführt. Die prinzipiell einem Alleinherrscher folgende, aber dem Namen nach römische Republik mündete in eine jahrzehntelange Periode der *Pax Augusta*.

Wo nicht mehr Krieg, sondern Frieden herrschen soll, werden andere Götter gebraucht. Apoll ist kein Kriegsgott, er ist ein Gott der Künste, auch der Wissenschaften und der Weisheit. Wenn Jupiter auf dem Kapitol mit einem Tempel verehrt wurde, musste, um den epochalen Wandel zu beglaubigen, Apoll auf dem Palatin ein Gegenstück erhalten. Mit einem Tempel allein war es jedoch nicht getan. Um den Bereichen, die unter Apolls Fittichen gedeihen sollten, angemessenen Ausdruck zu verleihen, ließ Augustus dem Heiligtum des Gottes ein Gebäude zuordnen, das den Monte Palatino zugleich in einen Berg der Künste und der Wissenschaften verwandelte. Nichts lag daher näher als ihn mit einem Tempel der Weisheit auszustatten. In Analogie zu dem Museion des Königs Ptolemäus in Alexandria weihte Augustus gegenüber dem Kapitol eine Stätte ein, die nicht nur dem Gott Jupiter Paroli bieten konnte. Sie übertraf auch das berühmte Vorbild in Ägypten. Denn diesmal standen nicht mehr die neun Musen Pate für die Bibliothek, sondern Pate war der, dem sie dienten und der sie dirigierte, wie er wollte: Apoll höchstselbst, Apollo Musagetes.

BIBLIOTHECA APOLLINIS

Zu einer glaubhaften Patenschaft Apolls für seine Bibliothek, die einerseits nach ihm, andererseits nach ihrem Standort Bibliotheca Palatina benannt wurde, gehörte unbedingt eine besondere *Schriftenreihe* – unter diesem Namen würde man sie wahrscheinlich heute bibliografieren. Es sind die *Sibyllinischen Bücher*. Sie lagerten bis zum Epochenschnitt im Tempel des Jupiter, mussten ihn aber verlassen, um zu seinem Pendant auf den Palatin hinüberzuwechseln. Dort bildeten sie eine Art Autografen der neugegründeten Bibliothek – gleichsam ihren geheiligten Schatz. Es heißt, er sei in goldenen Fächern bewahrt worden.

Über einen Seitenweg kommen wir so doch wieder auf den südlich gelegenen Aventin und den fidelen Dante-Kongress zurück. Nicht nur und nicht hauptsächlich wegen des gleichlautenden Namens der Berichterstatterin und ihres fröhlichen Colloquium Sibyllinicum, sondern vorwiegend Vergils wegen. Der Begleiter des göttlichen Komödianten gehörte zur ersten Garnitur der Dichter Roms in vorchristlicher Zeit, wenn er nicht überhaupt der erste war. Als der wurde er von Dante zum Cicerone durch das *Inferno* und das *Purgatorio* erkoren. Eine kluge Wahl! Sie dürfte einer Erwählung Dantes zum Poeta laureatus des nunmehr christlichen Italien voll verschleierter Demut vorgearbeitet haben.

In Vergils *Äneis* spielten die *libri Sibyllini* eine hervorragende Rolle. Die Sibylle von Cumae galt mit ihren Weissagungen als Mund des Apoll. Ähnlich der Pythia von Delphi war sie eine griechische Prophetin zweideutiger Orakelsprüche. Die wurden in ihren Büchern gesammelt. Deren Transfer von Cumae zum Kapitol und von dort zum Palatin entspricht womöglich die Odyssee des Äneas von Troja bis an die Küste der italienischen Halbinsel. Jedenfalls fiel der Sibylle in der *Äneis* die Aufgabe zu, das Schicksal Roms zu verkünden: Unter Augustus, so ihre Prophezeiung, werde die Stadt zum Zentrum eines Welt- und Friedensreiches – mit dem Tempel des Apoll als sichtbar gewordener Prophetie.

Heute ist von diesem Tempel und der ihm angeschlossene Biblioteca Apollinis nichts mehr zu sehen. Die tief verschütteten Ruinen haben offenbar bislang seine Freilegung verhindert, aber man kennt die Stelle, wo beides gelegen hat, weiß auch, dass die Bibliothek wie bei ihren antiken Vorgängern mit einer Säulenhalle kombiniert war. Ein schriftliches Zeugnis dafür liegt vor, nicht jedoch wiederum für marktähnliche Scharounsche Hallenformen. Gesichert ist ferner, dass die Halle zwei Säle aufwies, einen für griechische und einen für römische Literatur. Die griechische Kultur war also in die Tempelanlage integriert – als Ansporn, sie einzuholen und zu überbieten. Der römische Potentat schien es auf einen regelrechten Überbietungswettlauf angelegt zu haben.

In einem von Augustus gewünschten und zugleich an ihn adressierten literarischen Brief des Horaz ist vermerkt, die zeitgenössischen Schriftsteller seien von höchster Stelle zur Produktivität angespornt worden. Gegenüber dem ungleich reicher bestückten griechischen Büchersaal war die Biblioteca verständlicherweise bestrebt, ihre lateinischen Sammlungen zu forcieren. Der Herrscher persönlich lobte eigene Dichterwettbewerbe aus, um der Sache voranzuhelfen, wohl auch, wie aus den einschlägigen Quellen zu erfahren ist, um zu einem spezifisch augusteischen Schrifttum beizutragen. Bei so viel fördernden Maßnahmen wundert es nicht, dass jeder Schriftsteller von Rang mit seinen Werken auf dem Palatin vertreten sein wollte.

***

Manch hochrangige Autoren wollten es, konnten es aber nicht. Ovid zum Beispiel war samt seinen Texten von Augustus aus Rom verbannt worden. Die Gründe dazu sind schwer zu durchschauen. Seine kunstreiche *Ars Amatoria* suchte der Leser auf dem Palatin also vergebens. Andere Autoren traf es härter. Ihre

Bücher wurden verbrannt, wenn sie nicht dem Komment entsprachen. Und der hatte es in sich.

Ein Hinweis von Horaz zeigt, wie hoch die Ansprüche gewesen sein müssen. Wenn etwa die Staatsbibliothek Bücher erwirbt, erwirbt sie sie im Auftrag der Stiftung für die Bibliothek. Und damit gut. Da aber die Biblioteca Palatina dem Heiligtum des Anführers der Musen integriert war, gehörte sie ihm, dem Gott. Deshalb nennt Horaz als den Empfänger der erworbenen Bücher keinen geringeren als Apoll. Er lobt die Biblioteca gar als ein Geschenk, das des Apollo würdig sei.

Der Gedanke hinter solchem Lobpreis ist denkbar einfach. Er folgt aus der Tempelanlage selbst. Apoll, für Kunst und Wissenschaften zuständig, war es auch für das Wissen, das sich in den Büchern niederschlug. Die Schriftsteller schrieben demnach für den ihre Sparte anführenden Gott und zugleich, wenn es gelang, aus ihm heraus, von ihm inspiriert. Jedes Buch wurde so zu einem Präsent an die Biblioteca seines Namens.

Ganz ähnlich verhielt es sich mit den oben schon genannten Vorgängerbauten. Das Museion war den Musen und die Bibliothek von Pergamon Athena geweiht. Athena wurde wie Apoll als Göttin der Weisheit verehrt. Alle diese Bücherbauten waren nicht bloß Bibliotheken. In ihrer Funktion als integrale Bestandteile von Tempeln waren sie Heiligtümer. Das Buch hatte einen von vornherein höheren Stellenwert, es war eine göttliche Gabe.

Interessant auch, woher die Bibliothekare stammten. Es waren durchweg Sklaven, mit Stolz auf ihre Tätigkeit. Zum Teil wurden sie selber bedeutende Schriftsteller. Wie sie aussahen, welche Kleidung sie während ihres göttlichen Dienstes trugen, ist mir nicht bekannt. Sicher keine Matrosenanzüge. (Auch keine Togen. Die blieben Bürgern vorbehalten.) Sie möchten sich aber schon gegen die gemeinen Leser abgehoben haben. Schließlich handelte es sich um Gottesdiener. Von einer augusteischen Kleiderordnung steht indes nichts in den historischen Annalen.

Die Leitung der Biblioteca Apollinis hatte Augustus einem freigelassenen Sklaven überantwortet, dem Gaius Iulius

Hyginus. Er studierte bei einem bekannten Lehrer aus Milet und zeichnete sich, später selbst zum Lehrer geworden, in der Mythenforschung aus – ein Gelehrter, der es mit seiner Fabel über die *Sorge (Cura)* bis ins Zentrum von Goethes *Faust* und Heideggers *Sein und Zeit* geschafft hat, beides vielgelesene Bücher, die die Staatsbibliothek in ihrem Handbereich zur freien Verfügung hält. Die *Sorge* setzt Faust zu, ehe seine Seele, ähnlich der Dantes, von einer Marienfigur erlöst wird. Der in die Welt geworfene Mensch des Philosophen aus dem Schwarzwald dagegen muss Sorge tragen, seine Existenz zeitig genug vom niederen Dasein ins höhere Sein zu retten – so weit ich sehe ohne Aussicht auf Erlösung. Bei Hyginus empfängt wenigstens ein Gott die Seele des Toten. Allerdings ist Jupiter der Empfänger, nicht Apoll.

So schließt sich der Kreis. Wer denkt, alle diese Erörterungen seien ein bisschen sehr weit ab vom Schuss, wird von Wisniewski überrascht. In seinem vielzitierten Artikel von 1978 für die Festgabe des Neubaus der Staatsbibliothek liest man den etwas iritierenden Satz, zu der Vision und der ideellen Haltung der chinesischen Hallenbauten trete als weitere Wirkkraft aus dem abendländischen Raum der Geist und die Wesenheit der Renaissance.

Die chinesische Vision übergehe ich geflissentlich, da ich sie noch nicht durchschaue. Zur Renaissance komme ich gleich. Doch der anschließende Satz lässt aufhorchen. Das apollinische Prinzip, heißt es da, sei in Scharouns Werk seltener gefordert und verwirklicht worden. Gemeint ist das statische Prinzip – im Gegensatz zur Philharmonie. In dem Bau der Staatsbibliothek nun würden diese Elemente aus dem Postulat der geistigen Freiheit *zur Erscheinungsform, zur Gestalt.*

Gesteh ich's nur: Erst durch diesen Satz ist mir der Wesensunterschied zwischen den beiden Bauten Scharouns auf dem Berliner Kulturforum schlagartig klar geworden. Das verlangt ein eigenes Kapitel. Vorläufig ist nur so viel festzuhalten, dass beim Bau der Staatsbibliothek der Geist Apollos gegenwärtig war. In welcher Weise aber, diese Frage wird nicht leicht zu beantworten sein. Vielleicht dachte Scharoun nur an das Statische, im Gegensatz zum Dynamischen der Philharmonie gegenüber. Vielleicht steckt auch mehr dahinter. Ob er so weit gegangen wäre, auch die von ihm entworfene Bibliothek Apoll zu widmen? Aus der Intuition heraus würde ich diese Annahme verneinen. So nah am Göttlichen wird Scharoun nicht gebaut haben.

Wisniewski wartet indes mit einer weiteren Überraschung auf, und die führt uns mitten hinein in eine der schönsten Kirchen der Welt.

SCHAROUNS SANTO SPIRITO

Wie oft wird man nicht zur Korrektur der eigenen Aussagen gezwungen, besonders da, wo man es mit einem genialen Bau wie dem der Staatsbibliothek zu tun hat. Ihr Architekt entführt uns nicht in *eine* der schönsten, er entführt uns in *die* schönste Kirche der Welt. Dieses Urteil über die Chiesa Santo Spirito Filippo Brunelleschis stammt von Gianlorenzo Bernini, und ich folge ihm blind. Wer so überaus erbauliche Skulpturen wie die *Verzückung der Heiligen Theresa* geschaffen hat, dazu das Hochaltar-Ziborium im Petersdom mit den atemberaubend geschwungenen Säulen, dem muss man sich in Fragen der Ästhetik einfach unterwerfen.

Es war, behaupte ich kühn und wieder ungeschützt, kein Fishing for Compliments seitens Berninis, des in Neapel geborenen Barockkünstlers. Aber steht er nicht über dem Architekten der Kirche in Florenz, ist er nicht in seiner Vielseitigkeit bedeutender als der mehr als ein Jahrhundert ältere Florentiner, wiegt nicht schon sein Ziborium eine ganze Reihe von Kirchen auf?

Wer nur einen Blick in Brunellschis Chiesa getan hat, hält den Atem an. Dante und Beatrice hätten es bestimmt auch getan. So wohl auch Scharoun. Fast nebenbei lässt uns wiederum Wisniewski wissen, bei der Saalbeleuchtung der Staatsbibliothek klinge die Decke von San Spirito an. Ich habe sie noch nicht gesehen, ich war noch nicht im Kirchenraum, kenne die Ansichten nur aus Farbfotografien. Sie allein aber bestechen bereits und machen süchtig danach, die Chiesa Brunelleschis vor Ort, im gleichnamigen Stadtviertel jenseits des südlichen Arnoufers, zu besichtigen.

Wisniewski spricht wohlgemerkt von *Anklingen*: Die Decke von San Spirito klinge an. Es folgt ein *Aber*: Aber die Transparenz, das Lichterleben werde für den Raum der Bibliothek zum entscheidenden Agens, zur genialen Idee. Wir können Scharoun förmlich dabei zusehen, wie ihm beim Anblick der Kirchendekke in Florenz ein Licht aufgeht. In einem Bau der Renaissance wie Santo Spirito fällt es aus den Chorfenstern – gleißend, so in einer Monographie zum Architekten. Das Mittelschiff dagegen erhalte ruhiges Licht, während die Seitenschiffe und halbrunden Kapellen durch kleinere Fenster belichtet würden. Je nach Sonnenstand und Jahreszeit erschienen sie hell und klar oder tief verschattet, meint der Monograf. Wann auch immer – es muss jedes Mal ein eigenes, ein im Wortsinne zwielichtiges Erlebnis sein, sich in der Kirche aufzuhalten.

Während all der Jahre, die ich in der Staatsbibliothek verbringe, hatte ich stets den Eindruck, als habe dieses so hypermoderne Gebäude eine irgendwie barocke Anmutung, konnte mir aber keinen rechten Reim darauf machen. Die hängenden Büchergärten haben vielleicht etwas Vergleichbares an sich, ihre formklare Struktur weist aber in eine entgegengesetzte Richtung. Das Lichterleben, von dem Wisniewski schwärmt, löst nun den entscheidenden Aha-Effekt aus. Er nennt ihn ja selbst beim Namen: Das Lichterleben ist bei ihm kursiv gesetzt, also extra hervorgehoben, und er fügt ihm als Attribut hinzu, es sei eine *Errungenschaft und Stimulanz barocken Geistes*.

Wie hat man sich das Ganze vorzustellen: Allenfalls das gleißende Licht, das in San Spirito durch die Chorfenster fällt, kann Scharoun zu barocker Beleuchtung in seiner Bibliothek ermuntert haben. Die Decke war es nicht. Durch die Decke fällt in der florentiner Chiesa nicht der geringste Lichtstrahl. Daher das *Aber* Wisniewskis. Ist es so zu verstehen, dass Scharoun nur die kreisrunde Form von Brunelleschis Deckenelementen überzeugte und dass die ihn dann geradenwegs zu den leuchtenden Kugelsegmenten in den Decken seiner Lesesäle führte? Er hätte in der Santo Spirito sozusagen nur das Licht angeknipst, und fertig war die Laube. Doch wenn man es so sieht, ist man schief gewickelt. Daraus wird noch nicht die vom Schüler Scharouns so sehr beschworene idée géniale.

Barock ist weder das Lichterleben in Santo Spirito noch in der Staatsbibliothek. Die barocke Anmutung kann sich daher nicht auf das Licht selbst beziehen, sie ist vielmehr gebrochen. Es gibt in dieser Bibliothek durchaus eine an barocke Verhältnisse gemahnende Lichteinstrahlung. Sie ist aber ungewollt und geschieht immer dann, wenn die automatische Steuerung der riesigen Lamellen an der üppigen Fensterfront zum Kulturforum nicht funktioniert. Der Architekt hat eher an die schon aus technischen Gründen notwendige Vermeidung des Sonnenlichteinfalls gedacht. Kein Nutzer könnte unter solchen Konditionen arbeiten. Deshalb hat das Lichterleben als Stimulanz des barocken Geistes Scharoun schließlich zum *Verzicht auf die Sinnenhaftigkeit der barocken Lichtszenerie* bewogen. So formuliert es Wisniewski.

Wenn das nicht verwirrend ist! Nur Enthusiasten der Staatsbibliothek werden hier noch weiterlesen, wenn ich sie nicht sowieso schon alle verloren habe.

***

Ob man jeder der ausgreifenden Assoziationen des Architekten folgt oder nicht, die Lichtverhältnisse der Staatsbibliothek haben es längst verdient, zur Sprache zu kommen. Sie können einen immer dann in stille Stürme der Begeisterung versetzen, wenn die Sonne nicht direkt auf die frontalen Fenster trifft, sondern ihre Strahlen von den Lamellen gebrochen werden. Dann durchkämmen sie schattierend die gekrümmte Phalanx der Säle und lassen das pastose Lindgrün der Teppichböden extra lind erscheinen, während das Weinrot der Stuhlbezüge dazu einen weichen Widerpart bildet.

Welche Konsequenzen zog Scharoun aus dem Verzicht auf die Sinnenhaftigkeit der barocken Lichtszenerie, auf welche Weise wollte er seine Säle stattdessen inszenieren? Wir wissen bereits, dass sich am Ende des Prozesses die leuchtenden Kugelsegmente à la Brunellechi herauskristallisierten, nun aber in eine andere räumliche Zone versetzt. Er kam ja aus einer Hafenstadt an der Nordsee. Italien war sicher für ihn ein Land der Sehnsucht, eine Quelle der Inspiration, aber die *Gestaltfindung* beruhte letztlich, wenn wir Wisniewski glauben, auf künstlerischen Einflüssen aus dem Gebiet der Herkunft: Scharouns Verzicht mündete in ein Abbild des *nordischen Raumes*, so wieder wortmächtig sein Schüler. Florenz fand sich nach Bremerhaven verlegt – und Bremerhaven nach Berlin.

Nach einem Wort Tucholskys hätten die Berliner am liebsten einen direkten Zugang zum Meer gehabt. Diesen geheimen Wunsch erfüllte ihnen Scharoun, jedenfalls zum Teil, mit seinem Bücherschiff. Vielleicht hatte er San Spirito auch zuerst von der Adria aus gesichtet. Das war von den Auftraggebern Brunelleschis gewollt. Der Campanile sollte wie ein Leuchtturm in die Ferne wirken und die Seefahrer willkommenheißen, noch ehe sie Land unter den Füßen hatten. Ob die Fernwirkung auch vom Architekten der Kirche gewollt wurde, weiß niemand. Er starb bereits kurz, nachdem die erste Säule auf den Bauplatz geliefert worden war, am 15. April 1446 – hierin seinem späteren Deckenkopisten zum Verwechseln ähnlich. Der erlebte die Einweihung seiner Bibliothek ja auch nicht mehr.

Was die Staatsbibliothek angeht, haben wir kein anderes Zeugnis von ihrer Entwicklungsgeschichte als eben das seines begabten Adepten und schließlichen Büropartners. So müssen wir ihm und seinen bisweilen schwärmerisch formulierten Beteuerungen trauen. Ihm zufolge habe es nach dem Erlebnis des Baus der Philharmonie *einen gestaltgebenden Disput* mit dem verehrten Lehrer gegeben, in welchem von einem *konstruktiv-schöpferischen Bemühen zu virtuoser, chagallhafter Licht-Farb-Transparenz* die Rede war. Ihr Ergebnis seien die leuchtenden Halbkugelformen in den Decken der Lesesäle gewesen. Sie würden *als Filter für Farbe* fungieren, um *das durch die Sheds einfallende kühle nördliche Licht* zu temperieren.

Der Rückgriff auf Chagall scheint mir im Rahmen der Philharmonie zwar eher einschlägig, dass er es aber auch in dem der Staatsbibliothek sein soll, führt nun zu den reizvollsten Vermutungen. Sowieso gehören beide Bauten mehr zusammen als man denkt. Das gilt nicht für die genannten Sheds, die wir als typische Dächer von Fabrikgebäuden kennen. Sie sind in dem gegenüberliegenden Vorgängerbau Scharouns nicht anzutreffen, da sie die die philharmonische Aura zerstört hätten.

Seiner Bibliothek verleihen sie dafür eine sachliche Atmosphäre. Und es ist wieder als ein genialer Zugriff von Scharoun zu werten, wie er mit den leuchtenden Formen der Halbkugeln seine Denkfabrik ästhetisch durchkreuzt, ja sie zu einem sakralen Gebilde geformt hat.

Wenn Wisniewski von einer Umwandlung des Nordlichts spricht, ist das deshalb dem Vorgang durchaus angemessen. Aus den Sheds kommend, wird seine Helligkeit so heruntergedimmt und so gefiltert, dass die runden Leuchtkörper an der Decke die Leser in ein angenehmes Zwielicht tauchen. Ob dadurch schon eine *Abendstimmung* entsteht, wie sie das Architektenteam hervorrufen wollte, dem wird vielleicht nicht jeder gleich zustimmen wollen. Mir aber, als vom Genie der beiden Baumeister geblendetem Besucher, würde es sofort einleuchten. Das aus dem Filter hervorgehende Fluidum luminale dürfte an den Halbschatten in San Spirito erinnern – eine schwimmende, florentinisch angehauchte Berliner Bücherkirche in den Abendstunden.

Diese Stimmung würde man als Nutzer zu gerne die ganze Nacht hindurch erleben, aber die Staatsbibliothek ist, im Unterschied zu ihren Konkurrentinnen in anderen Kontinenten, nur von 9 bis 21, Samstags bloß von 10-19 Uhr geöffnet, Sonntags aber geschlossen. Sogar die Bayerische Staatsbibliothek überflügelt sie, und zwar um Längen. Ihr Allgemeiner Lesesaal steht die ganze Woche von 8-24 Uhr den Nutzern zur Verfügung, auch Sonntags. Wenn da mal kein Neid aufkommt! München, Du hast es besser. Und freundlicher soll es dort auch zugehen, sagen Kenner beider Bibliotheken. Berlin – die Provinzhauptstadt?

Scharoun by night gibt es bislang bloß der Staatsbibliothek gegenüber, in der Philharmonie.

V. LAND UND HIMMEL

SAKRALE BAROCK-VORBILDER

Wenn es das Licht nicht ist, das die barocke Anmutung der fließenden Lesesäle hervorruft, was ist es dann? Irgendetwas muss es schließlich sein, oder man liegt völlig falsch.

Glücklicherweise hat Wisniewski zu Ehren seines Lehrers ein reich ausgestattetes Buch über die Philharmonie und ihren Kammermusiksaal herausgebracht. Es ist 1993 zum 100. Geburtstag des Meisters erschienen und enthält etliche einschlägige Überlegungen zum Thema. Sein Untertitel dient dazu als Leitlinie: *Der Konzertsaal als Zentralraum.* Für einen Moment müssen wir daher die geliebte Saalflucht verlassen und uns in den gelben Gebäuden gegenüber einnisten. Die Überschreitung der Potsdamer Straße, dieser Flusslinie, die das späte Scharounsche Oeuvre zerteilt, lohnt unbedingt. Sie bringt üppigen Gewinn – ein Umweg, der das gesuchte Ziel früher erreicht. Wie man ein geliebtes Objekt um so attraktiver findet, sobald man es für eine Weile aus den Augen verliert.

Jeder, der schon einmal die Philharmonie am Kulturforum besucht hat, wird von ihr überwältigt sein. So wie Max Frisch, der in einem Brief an Scharoun vom April 1964 dem Architekten seine große Bewunderung aussprach. Wisniewski schiebt das Schreiben zurecht in voller Länge ein, weil aus ihm nicht weniger als das Wunder spricht, das dieser Raum dem Besucher bietet. *Ich sehne mich nach diesem Haus* – mit diesen Worten endeten Frischs Zeilen. Er hatte das Gebäude zuvor als *eines der großen Schöpfungen unseres Jahrhunderts* bezeichnet, *neu, unvergleichlich, nur seiner Wirkung nach vergleichbar mit den schönsten Räumen, die irgendwann und irgendwo von der Architektur geschaffen worden* seien. In seinen biografischen Notizen *Montauk* erwähnt er es noch einmal. Ein größeres Lob auf einen Baumeister scheint nur schwer vorstellbar. Sicher hätte es eine ähnliche Lobeshymne von Frisch auf den Raum der Staatsbibliothek gegeben, wäre er seiner nur ansichtig geworden.

Das der Philharmonie zugrundeliegende Konzept mit dem Orchester in der Mitte war ungemein beeindruckend. Es hat schnell Schule gemacht. Weder die Elbphilharmonie noch der neue Konzertsaal des Büros Gerkan, Marg und Partner im Dresdener Kulturpalast wären ohne Scharouns Berliner Beispiel denkbar. Mit seinen, Weinbergen nachempfundenen, Zuschauerterrassen liegt das sächsische Imitat ganz auf Scharounscher Linie. Man erwähnt den Initiator aus Bremerhaven schon nicht mehr, so selbstverständlich ist seine Idee von einem gebauten Bacchanal am Kulturforum geworden.

Was sich da an der Nordseite des Altmarkts getan hat, ist gar nicht weit von dem Barockgebäude entfernt, das seit 2005 wieder den Dresdener Neumarkt schmückt. Man traut seinen Augen nicht, aber Wisniewskis Evolutionsgeschichte der Berliner Philharmonie steuert schnurstracks auf die Frauenkirche, den berühmten Bau von George Bähr aus dem 18. Jahrhundert, zu, als lägen nicht Welten zwischen ihnen.

Wisniewskis Entwicklungsgeschichte als *schnurstracks* zu bezeichnen, ist vielleicht ein wenig übertrieben, aber nicht zu sehr. Es läge allerdings genauso nahe, architektonische Beispiele aus südlich gelegeneren Gefilden zuerst zu erwähnen, doch die neuen Weinberge des vormals eher spröden Kulturpalastes üben einen verwandtschaftlichen Reiz mit biblischen Bezügen aus. Da liegt die Frauenkirche eben nur auf einen Sprung entfernt.

Wo auch immer man ansetzt – das verbindende Element ist der Zentralraum. Wisniewski nähert sich dem Dresdener Vergleichsbau von Bayern aus. Von der Wieskirche zum Beispiel, oder von Vierzehnheiligen. Eigentlich ist es egal, welchen der drei Sakralbauten man zuerst nennt, Hauptsache ist, sie weisen einen Raum auf, der um eine ereignisreiche Stätte herumgebaut ist. In Balthasar Neumanns Vierzehnheiligen ist es der Nothelfer-Alter, der den Mittelpunkt bildet. Er sei das Zentrum, die *Mitte der mitmenschlichen Begegnung der Wallfahrt* und *symbolisiere den Ort für das menschliche Anliegen*, so liest man es wörtlich im Geburtstagsbuch.

Es menschelt enorm in allen Passagen, die das Außerordentliche des Raumkonzepts der Philharmonie erklären sollen. Das tat es auch schon bei Scharoun. Zugleich ist aber der Bezug zum Numinosen vom Schüler immer mitgedacht. Man meint, er gehorche dem Lehrer aufs Wort, erfährt indes unter der Hand immer wieder, dass der in diesen Dingen eher wortkarg war. Er hielt seine Gedanken mehr geheim, auch weil sie für ihn ins Unsagbare hinüberglitten. Ob er daher den religiösen Gestus mitgetragen hätte, mag bezweifelt werden. Wisniewski ist viel auf die persönliche Deutung angewiesen. Da er aber Scharoun meist gegenübersaß, da er alles mit ihm besprach, die Entstehung jeder Skizze des Meisters schon im Ansatz nachvollzog und so die eigenen Zeichnungen, speziell für den Kammermusiksaal, fast aus seinem Geiste nachempfand, wird man ihm ohne größere Bedenken folgen können.

Was Scharoun an allen drei genannten Sakralbauten besonders interessiert haben muss, sind die Weitungen des Raums. *Heureka! Ich habe es gefunden!* Wenn sonst nichts, so sind *sie* für den Barockstil typisch. In der Wies ist es die elliptische Eiform, in Vierzehnheiligen die Raumfolge mit dem Wallfahrtsort in der Mitte und dem Hochaltar am Ende. Beide verschmolzen ihm zu einem einzigen Raumgebilde. Am meisten orientierte er sich aber wohl an Bährs Bau in Dresden, weil er ein Zentralbau ist, in der die Eiform der Wies wie auch die beiden Altäre von Vierzehnheiligen auf-und untergehen. Wisniewski spricht sogar von der Frauenkirche als einem Analogon zur Philharmonie.

Erst Santo Spirito und nun das nächste Sakralgebäude: So viel Heiligkeit sieht man den beiden Bauten am Kulturforum nicht an, jedenfalls nicht auf den ersten Blick. Von außen sowieso nicht. Von innen schon eher. Doch da widerspräche Wisniewski vehement. Auch außen, zumindest an der Philharmonie, zeige sich ein wenigstens entfernt spiritueller Bezug. Er ist nicht wie bei Barockkirchen auf Anhieb sichtbar, dafür aber dem Himmel vielleicht näher: Gemeint ist das Zelt.

***

Wir kommen an dieser Stelle zu einem weiteren Meilenstein Scharouns, vielleicht dem wichtigsten. An das Wort *Landschaft* ist man wegen der modernen Stadt, in die er seine Bauten, als ginge es um ein Gartengefilde, hineinsetzte, längst gewöhnt, nicht aber an das von ihm gern gebrauchte Wort der *Himmelschaft*. Doch eigentlich ist es nur konsequent. Zu jedem Land gehört ein Himmel. Das *Schaft*-mäßige der beiden Wörter dürfte besagen, dass es sich beim Himmel um die Fortsetzung der städtischen Landschaftsplanung unter schöpferischer Einmischung cälestischer Mittel handelt.

Scharoun baute nicht nur in den Himmel hinein, er baute buchstäblich den Himmel nach. Das erweist sich natürlich bei der Frage der Beleuchtung wieder als besonders bedeutsam. In der Staatsbibliothek sind es die florentinischen Rundkörper, in der Philharmonie ist es der *Sternenhimmel* – ein Arbeitsbegriff, der ihn leitete, um der Decke die Anmutung eines Sternenzeltes zu verleihen.

Um das Zelt kommt man nicht herum. Es betrifft beileibe nicht bloß die Beleuchtung, es betrifft auch die Struktur der Decke. Bei ihrer Gestaltfindung stand ihm die Frauenkirche kaum vor Augen. Barockkuppeln zu bauen, war seine Sache nicht. Sie waren ihm viel zu pathetisch. Er ersetzte sie durch etwas Leichteres, Luftigeres, Grazileres, eben durch ein zeltartiges Gebilde, das den Himmel in die Konzerthalle holte und außen fast die Ansicht eines Segels bot, als schwebte der Saal durch die Flusslandschaft.

Schon aus akustischen Gründen durfte die Decke der Philharmonie keine konvexe Form annehmen, wie sie in Kuppeln üblich ist. Die Töne hätten sich im weiten Rund verloren. Daher die konkaven Deckenpartien, die gleichsam durchhängen. Ihre Steigung läuft auf zwei Höhepunkte zu, die zwei unsichtbare Masten des etwas monumental geratenen Segelbootes darstellen könnten. Vielleicht eine Erinnerung an die beiden Brennpunkte der elliptisch angelegten Sakralräume von Wies und Vierzehnheiligen.

Die *Landschaft* breitet sich entsprechend unter der *Himmelschaft* aus. Scharoun sah sie bekanntlich als Tal, umgeben von

den zum Zitat gewordenen Weinhängen, an denen die Konzert-
gänger der Musik im Zentrum des Geschehens folgen. Hier finden wir erneut die Situation vor, dass sich die Gegend draußen,
wie bei der Staatsbibliothek, im Innern des Gebäudes fortsetzt.
Den Tiergarten soll Scharoun in seiner Dachlandschaft verlän-
gert haben. Deutlicher noch findet sich das Flusstal der Potsdamer Straße zwischen Staatsbibliothek und ihrem Gegenüber
im Konzerthaus wieder aufgenommen. Hier erreicht es eine
ähnliche Weite. Es schlängelt sich zwischen den Weinbergen
hindurch – ein materiales Gegenbild zur fließenden Musik, die
um sich herum eine sakral anmutende Sphäre der Stille erzeugt.

So wenig man als Besucher der Philharmonie darauf vorbe-
reitet ist, einen kirchlichen Raum zu betreten, so sehr mag das
Schweigen des sich in das Flussbett schmiegenden Publikums
daran erinnern. Es ist kein Verhältnis eins zu eins, das Scharoun hat anstreben wollen, es ist die Übersetzung eines bereits
bauchig geweiteten Zentralraums in ein über die Grenzen eines
Kirchenschiffs hinaus geweiteten Tals. Der gestirnte Himmel
über ihm wird durch die Lampen sogleich mitgeliefert. Als hätte jemand die Kuppel der Nôtre Dâme de Dresden nach oben
zum Firmament geöffnet, um den grundlegenden Baugedanken ihrer Epoche, die Dehnung des Raumes, auf neue, moderne
Weise zu formulieren.

Ausgiebig zitiert Wisniewski ein Vorwort, das Scharoun
1964 – die Phliharmonie war gerade fertig geworden –, für den
Band Barock der Reihe *Architektur der Welt* geschrieben hat. Er
hebt dort auf das ekstatische Moment des barocken Menschen
ab, das sich auch in dessen Bauten zeige. Das berühre uns noch
heute, es rege uns an und auf. In Analogie dazu könnte man
sagen, Scharoun habe dieses ekstatische Moment in die heutige
Zeit übertragen und der – schweigsamen – Ekstase in seinem
Konzertsaal zu einem noch ausgedehnteren Betätigungsfeld
verholfen.

Im gleichen Atemzug ist von der *Neuschöpfung der Natur
in den großen Parkgestaltungen* die Rede, von der *Schöpfung
der zweiten natürlichen Welt, an der seitdem die nachfolgende
Zeit arbeite*. Unversehens geht Scharoun hier auf die englischen

Gärten ein, die freilich immer schon dem Konzept der Stadtlandschaft entfernt zugrunde lagen. Er vergisst nicht darauf hinzuweisen, im Barock habe es bereits *erste, spontane Realisierungen* gegeben, mit *impulsiven Eingriffen in Natur und Leben*.

Parkgestaltungen à l'anglaise lebten von der Landschaftsmalerei, die sie manchmal regelrecht kopierten. Sie setzten quasi die Natur ins Bild, oder besser umgekehrt: Sie materialisierten das Gemälde und denaturierten die Natur, indem sie ihr dort zu Hilfe kamen, wo sie nicht über genügend *Anmut und Zierde* verfügte – dies die beiden betörenden Leitlinien der Landschaftsgärtnerei Lennés. Als habe der seinen Meister zitierende Schüler diesen Zusammenhang im Blick, überrumpelt er den Leser seines Gedenkbuches mit zwei nebeneinander abgebildeten Tafeln: auf der einen rechts der Nothelfer-Altar von Vierzehnheiligen, auf der anderen eine farbige Wasserzeichnung Scharouns aus dem Jahr 1919.

FRÜHE AQUARELLE ALS BLAUPAUSE

Was an der Zeichnung gleich ins Auge fällt: Sie schwelgt ausgiebig in den Elementarfarben. Ein rot-gelber Feuerstrahl züngelt in der Mitte des Bildes, das einen aus aquarellierten Strichen zusammengesetzten Dom darstellen könnte, und endet an der oberen Kante in einem Stern. Tatsächlich ähnelt der Aufbau der Zeichnung dem daneben abgebildeten Altarraum von Balthasar Neumann. Das ist mutig von Wisniewski arrangiert. Seine Deutung der Philharmonie als eines ans Numinose grenzenden Konzertsaals wird durch die Gegenüberstellung der beiden Tafelbilder ostentativ beglaubigt.

Selten hat Scharoun seine Aquarelle mit einem Titel versehen, so auch dieses nicht. Es gehört zu seinen Beiträgen für die *Gläserne Kette* – ein von dem Architekten Bruno Taut ausgehender geheimer Briefwechsel. Taut trat mit der Bitte an seine Briefpartner heran, ihm doch einige Beispiele ihrer Kunst zu schicken. Er selber ist berühmt geworden durch seinen bunten Glaspavillon auf der Kölner Werkbundausstellung von 1914. Das Glashaus schien wie vom Himmel gefallen. Der in eine gläserne pyramidale Spitze auslaufende Bau dokumentierte sinnfällig, wie sehr ihrem Baumeister das für ihn einhellige Grau der wilhelminischen Epoche auf die Nerven gegangen war. Rettung konnte nur in der Vielfarbigkeit neuer Bauten bestehen, deren Materialien zudem den einfarbigen Stein ablösen sollten. Stahl und vor allem Glas hielt Taut für die überzeugende Alternative.

Ebenso berühmt ist seine Vision von einer allerdings nie gebauten Stadtkrone geworden – ein Kulturzentrum mit Kristallturm, der als schöner, zweckfreier Bau Mittelpunkt einer Gartenstadt von 300.000 Einwohnern werden sollte. Das wuchernde Einerlei der städtischen Agglomerationen, die ihre auratische, noch bis ins Barock reichende Silhouette längst verloren hatten, bekam durch die kristalline Bekrönung so etwas wie eine zeitgenössisch interpretierte Kathedrale zurück. Einen auffälligen Mittelpunkt.

An solche Entwürfe erinnert Scharouns Aquarell von 1919 – als wär es eine Farbskizze zu Tauts Vision. Der Kristallturm mag von außen nicht farbig gestaltet gewesen sein, innen aber würde sich das von draußen hereinfallende Licht prismatisch in seine einzelnen Bestandteile zerlegen und den Raum palettenartig beleuchten.

Wem trotzdem die von Wisniewski gezogene Parallele von 1919 zu Vierzehnheiligen und zur Philharmonie nicht ganz geheuer ist, der bedenke, dass noch bei der Staatsbibliothek das durch die Sheds strömende Licht eigentlich ein Farbenspiel von chagallesker Qualität erzeugen sollte. Unter der Marke *Chagall* wollte Scharoun es nicht machen, ließ wegen der Schwierigkeiten der Verwirklichung nur später davon ab.

Die Staatsbibliothek: Unversehens bin ich wieder in das von mir fast täglich frequentierte und so bewunderte Gebäude hineingeraten, als gelte es an dieser Stelle nicht, das wunderliche Konzertgebäude gegenüber zu verstehen. Von Glas und kristalliner Pyramide keine Spur. Was kann uns da das Aquarell von 1919 sagen? Entspringt der Vergleich von Wisniewski womöglich nur einer fixen Idee des von seinem Meister allzu faszinierten Jüngers? Zumal der Maestro nicht bei dieser Art von Aquarellen stehen blieb. Zwar entstand eine ganze Serie davon in ähnlicher Manier, aber bereits ab 1922/23 wechselte er komplett das Thema. Der Charakter der Darstellung änderte sich nahezu abrupt.

Das lässt sich dem von Achim Wendschuh herausgegebenen Buch über Scharouns Zeichnungen entnehmen. Der in Berlin lebende Architekt hat das kaum zu überschätzende Verdienst, die zeichnerische Entwicklung des wundersamen Baumeisters bis 1945 zu verfolgen. Ohne Wendschuhs Kompendium käme ich in diesem Abschnitt keinen Schritt voran. Ab 1922/23 sieht man darin nur noch Bauten und zwar so massive, das einem erst einmal die Spucke wegbleibt. Etwa die *Musikhalle*, ein Aquarell auf Papier. Ein Glücksgriff, weil endlich mal ein

Untertitel auftaucht, und dann noch dieser! Es ist ein runder Hallenbau mit einem hochgezogenen Mittelteil, der die Halle weit überragt. Himmelstürmend. Das ist nicht übertrieben. Für eine Vorform der Philharmonie taugt er jedoch weniger, weil der voluminöse Buckel in der Mitte ganz konvex gehalten ist. Das wäre später, wie erwähnt, wegen der Rücksichten auf die Akustik nicht gegangen. Der Buckel könnte dagegen auf den der Bücher gegenüber deuten, vorausdeuten – eine Bibliothek als vorläufige Musikburg.

Die *Gläserne Kette*, zu der das frühe Aquarell gehörte, wurde von Scharoun, so Wendschuh, schon nach wenigen Jahren ganz vergessen. Was indes sofort auffällt, ist die Verwandtschaft seiner Entwürfe mit Zentralbauten, womit wieder Wisniewski in sein Recht gesetzt wird. Das lässt sich bis zum Ende der Kriegszeit verfolgen. In ihr war Scharoun weitgehend zur Untätigkeit verdammt, weshalb er – nur – zeichnete. Den Nationalsozialisten passte die ganze Stilrichtung nicht: nicht die des *neuen bauens*, (der der Individualist Scharoun noch am ehesten zuzurechnen wäre), nicht die des *Internationalen Stils*. Deren Anhänger galten als Landesverräter, obwohl der Neo-Klassizismus der NS-Bauten bekanntlich den abgelehnten Stilen durchaus ähnelte.

Was diesen neuralgischen Punkt betrifft, so zählt zu den überraschenden Funden Wendschuhs die Bekanntschaft mit einem bis dahin unentdeckten Scharoun: Seine Blätter von 1939-45 wimmeln nur so von megalomanen Konstruktionen. Er, der sich über die maßstabslosen Bauten des Hitler-Regimes so aufregen konnte, hatte nicht weniger Maßstabsloses im Sinn. Wendschuh weist auf jene winzigen Menschen hin, die die Kolossalbauten wie Ameisen bevölkern. Sie, diese klitzekleinen Wesen, machten einem erst klar, wie riesig alles gedacht war. Da hatte ein Fafner dem Entwerfer die Feder geführt. Wie gut, dass er nach dem Krieg wieder zu menschlicheren Maßen zurückfand. Und doch – auch Philharmonie und Staatsbibliothek haben etwas, das an Ungetüme in der Stadtlandschaft gemahnt. Der Zeichner der Kriegsjahre kam in Scharoun nie zur Ruhe.

***

Eins ist gewiss: Von 1939-1945 ließe sich die Linie bequem bis in die letzten Jahre des Meisters weiterziehen. Aber von 1919? Vielleicht möchte ich zu ungern die Idee Wisniewskis von der Kohärenz der beiden oben angesprochenenen Tafelbilder fallen lassen, vielleicht ist es doch nur eine idée fixe. Einigkeit dürfte darüber bestehen, dass alle Zeichnungen Scharouns, sofern sie über das Stadium einer hingeworfenen Skizze nicht hinauskamen, Visionen sind, an denen er in der einen oder anderen Weise festhielt. Zu offensichtlich sind auch seine über die Jahrzehnte immer wieder in Vorträgen eingestreuten Äußerungen über den Aufbruch in eine andere Baukultur. Sie gingen mit seiner Abkehr von der Tradition einher. Das aber verweist auf die Zeit des Ersten Weltkriegs und die Jahre danach. Die Aquarelle von 1919 waren keine Ausrutscher.

Mochte Scharoun seine Skizzenblätter alle paar Jahre zur Seite gelegt haben, seine Beiträge für Bruno Tauts *Gläserne Kette* waren nur kurze Zeit vergessen. Anlässlich eines Konzerts von Seiji Ozawa in der Philharmonie, in dem die *Totenmesse* von Hector Berlioz gegeben wurde, pries ein Hörer die *quasi asiatische Versenkung in den einstimmigen überirdischen Chorlinien* und rühmte die *leidenschaftlichen klangekstatischen Ausbrüche*, die dem Dirigenten gelangen. Die hymnische Begeisterung gipfelte in den Worten, Scharoun hätte *diese Ereignis gewordene Vision, wie er sie in der »Gläsernen Kette« erträumte*, leider nicht mehr erleben können.

Etwas kleinlaut geworden, muss ich einräumen, selber von der Quelle überrascht worden zu sein. Sie geht auf keinen anderen zurück als immer wieder auf Edgar Wisniewski selber, der in seinem Gedenkbuch eine ganze Serie von Konzerten beschrieben hat – eins berückender als das andere. Das war mir in der Zwischenzeit entfallen. Doch wenn man das Selbstlob, was darin zum Ausdruck kommen mag, für einen Augenblick beiseite lässt, geht daraus wenigstens die Erkenntnis hervor, dass die Grundgedanken Tauts und seiner Brieffreunde noch nachwirkten.

Natürlich soll die zitierte Passage Wisniewskis Tafel-These untermauern. Aber in seiner Formulierung kommt auch eine

Uridee des Maestro zum Vorschein: die der innigen Nähe von Musik und Malerei, wie von Musik und Architektur. Sie wird allerdings von nahezu allen Künstlern der damaligen Zeit vertreten. Bei Scharoun „urt" es indes unentwegt. Immer wieder ist von einem Urimpuls die Rede. Im Fall der von ihm nicht mehr erlebten *Totenmesse* waren es gewiss die Berlioz'schen Klangfarben, die im Zentralraum der Berliner Philharmonie ihre klangräumliche Wirkung auf den Schüler nicht verfehlten und ihn in eine aus der „Urskizze" hervorgehende himmlische Verzückung versetzten.

Dieser Urskizze begegnet der Leser des Geburtstagsbuchs auf Schritt und Tritt. Es ist die Urskizze der Philharmonie. Scharoun schien sie einfach so hingeworfen zu haben, schon gleich zu Beginn des Wettbewerbs von 1956 – eine Kritzelei, denkt man als Laie, doch wenn man genauer hinsieht, ist der Grundriss bereits klar erkennbar. Der Aufriss aus der gleichen Zeit scheint ebenso hingekritzelt, aber man hat die Philharmonie direkt vor Augen. Möglicherweise war auch das Aquarell von 1919 zunächst nichts weiter als eine Kritzelei. Wendschuh behauptet, Scharoun hätte immer nur gezeichnet, es gäbe gar keine Aquarelle von seiner Hand, keine Aquarelle im eigentlichen Sinne. Es handele sich lediglich um kolorierte Blätter. Die Urskizzen der Philharmonie wurden offenbar gleich mit Buntstift angelegt. Bei den Farben ist er geblieben.

Wenn die Urskizzen schon aufgrund ihrer ingeniösen Anlage nicht einfach hingekritzelt sein konnten, worin steckte ihr Urimpuls? Wir sind nun ganz nah am Scharounschen Schöpfungsprozess, es sollte vielleicht genauer heißen: dem Schöpfungsprozess Schönberg-Scharounscher Herkunft. Dem Komponisten der Zwölfton-Musik galt seine Hochachtung – als fügten sich die Striche der Urskizze zu mehrdeutigen synästhetischen Schraffuren, gleichsam zu einem ganzen Blatt mit Notenlinien des entstehenden Konzertsaals. Statt der Notenlinien aber sehen wir die Stuhlreihen vor uns: erst die vor dem Podium, dann die hinter ihm und schließlich die an den Seiten – den Weinbergterrassen. Nur die Außenwände fehlen. Ihre Formen folgen – nach den Regeln des *neuen bauens* –, den Funktionen und treten erst im nachrangigen Aufriss hervor. Doch wie kommt es zu den Notenlinien selber?

Ihnen liegt die sogenannte Organform zugrunde, und die geht wiederum auf den von Scharoun gern so bezeichneten *Vorgang* zurück. Der *Vorgang* aber ist das, was in einem Raum geschieht, den Menschen um eines bewegenden Erlebnisses willen besuchen. Dort werden sie vom Architekten zentral um ein kulturelles, bisweilen sogar kultisches Ereignis von musikalischem Rang gruppiert. Als säßen sie in einem Tautschen Glashaus, koloriert 1919, vom jungen Scharoun. Das Glas hatte nur einer neuen, festeren Materie zu weichen, schon um den von draußen heranbrandenden Geräuschen der Potsdamer Straße zu trotzen.

ORGANISCH ORGANISIERT:
DAS KULTURFORUM

Wir sind wieder in jenem Tal angelangt, auf dessen anderer Seite sich das apollinische Gebäude der Staatsbibliothek erstreckt. Ein Gebirgsmassiv. Es sollte seinerseits, wie bereits eingangs erwähnt, den Lärm von der dann nicht gebauten Westtangente absorbieren. Kleinere Anbauten nach Norden hielten höhenmäßig Anschluss an den Tiergarten, während sich der Buckel des Büchermagazins mit den ihm vorgelagerten Lesesälen nach Westen zum Flusstal absenkte, um am jenseitigen Ufer zum Gäste-Haus wieder anzusteigen. Ein typisch Scharounscher Gedanke, der sich ja bei allen seinen Bauten, ob in der Philharmonie oder der Bibliothek, bis in die inneren Strukturen fortsetzte.

Dürfte man behaupten, das Kulturforum wäre ein organisch gewachsenes urbanes Gebiet geworden, wenn es das Gästehaus je gegeben hätte? Zunächst aus finanziellen Gründen ausgeblieben, ging es später in den immer wieder hitzigen Debatten um das Forum einfach unter. Der edle elbische Aldibau – unterdessen durch größere Abstandsflächen zu seinem kirchlichen Anrainer sowie durch weitere Raumeinsparungen an die Vorstellungen des Preisgerichtes angepasst –, könnte nun an seine Stelle treten, ohne den Baugedanken des Tals mit seinen beidseits ansteigenden Ufern fortzusetzen.

Für Scharoun war das Gäste-Haus, wenigstens zu Beginn seiner Planungen für das Kulturforum, ein unverzichtbarer Bestandteil des gesamten Areals gewesen. Nicht nur, weil es seinem städtischen Landschaftsbild entsprach, auch, weil es von seiner Funktion her zu den übrigen Bauten passte. Die Gäste der Philharmonie und der angrenzenden Museen sollten darin unterkommen – ein Grund mehr, das kulturelle Gebilde, das es dort zu komplettieren galt, als ein organisches Ganze zu gestalten.

Es gibt mehrere Gründe, warum wir uns heute so gar nicht dazu verstehen können, dem Genius Scharouns zu folgen. Darunter rangiert die denkwürdige Deutung des Begriffs *organisch* an erster Stelle. Organisch heißt bei Scharoun, um noch einmal etwas ausführlicher darauf zurückzukommen, dass ein Bau aus der Vorstellung von seiner Funktion erwächst. Aus der philharmonischen Kultstätte, um die sich Menschen scharen, entstehen wie von selbst die Terrassen der Weinberge und alles weitere. Aus dem langgestreckten Büchermassiv resultieren die sich hinziehenden Lesesäle als zum Fluss abfallendes Vorgebirge, das nebenbei den Musen-Tempel van der Rohes gegenüber grüßen lässt, etcetera. Und obwohl die internen Bezüge zwischen den Entwürfen Rohes und Scharouns vielleicht eine Extra-Studie erforderten, wird doch deutlich genug, dass sich dieser Begriff des Organischen nur so lange behaupten konnte, wie man gewillt war, dem Stil des *neuen bauens*, in welch differenzierter Gestalt auch immer, treu zu bleiben.

Wenn wir dagegen heute das Kulturforum vor Augen haben, deuten wir das Organische nicht aus einem einzelnen Bau heraus, wir beurteilen es als Gesamtansicht, fragen, ob es organisch gewachsen ist und verneinen es. Unterderhand aber hatte sich die Diskussion um das, was an diesem Forum passieren sollte, seit den 80er Jahren gewandelt. Seit den 90ern begann sie sich als Baupolitik des Berliner Senats zu konkretisieren. Solitäre, in der Stadtlandschaft verteilt, waren nicht mehr gefragt, sondern Bauten, die im Sinne eines barockartigen Ensemblecharakters aufeinander Bezug nahmen. Einzuhaltende Traufhöhen und so fort waren die Folge. Die Dinge waren bereits 1993 so weit gediehen, dass sich Wisniewski in seinem Geburtstagsbuch über die Renaissance der Achsen im Berliner Baugeschehen beklagte. Er verglich sie mit der berüchtigten Planung Albert Speers für die gewaltige Nord-Süd-Trasse der künftigen Hauptstadt Germanias. Hitler redivivus? Wisniewski verstand die Welt nicht mehr, waren doch die Entwürfe für die Staatsbibliothek gerade dazu angelegt, diese Achse zu durchkreuzen. Schließlich wurde das Haus des Fremdenverkehrs, tristes Überbleibsel der Speerschen Planungen, extra für die Bibliothek abgerissen,

auch um zu dokumentieren, dass man mit solcher Achsenpoli-
tik nicht nur nichts zu tun hatte, sondern ihr mit dem Bücher-
bau den Kampf ansagte.

Diesem Kampf galt selbst der Begriff des Organischen. In einem 1945/46 an der TU Berlin gehaltenen Vortrag sagte Scharoun, unsere Aufgabe sei die Entwicklung organischer, nicht aber
organisierter Gebilde, da letztere befehlsmäßig entstünden. Fort-
an müssten sie sich zwar planmäßig, jedoch aus ihren eigenen
Kräften heraus entwickeln können. *Organisch* gegen *organisiert* –
das war das kluge, aus sechs Jahren erzwungener Untätigkeit ab-
geleitete Motto. Und nun sollte alles wieder von vorne beginnen?

Man würde den beiden eng verbündeten Baumeistern nicht
gerecht, ließe man diesen Bezug außer acht. Auch sie verfolg-
ten die Idee eines organischen Forums, auch sie glaubten, mit
ihren Planungen zu einem, wörtlich, *harmonischen Ensemble*
beizutragen. Nur waren ihre Entwurfsfantasien noch einer inzwischen teilweise überholten Auffassung von Architektur verpflichtet. Die ist allerdings so – soll man sagen: unglaublich?
dass es lohnt, sich genauer mit ihr auseinanderzusetzen. Zumindest meint man es, als begeisterter Nutzer der Staatsbibliothek, ihren Erbauern schuldig zu sein.

***

Unglaublich an der Auffassung Scharouns und seines Schü-
lers ist die Art und Weise, wie sie die Natur verstanden. Man
braucht tatsächlich die von ihnen des öfteren für sich in Anspruch genommenen *neuen Augen*, um genauso sehen zu
können wie sie. Mit dem Wissen, dass es sich um unbebaute
Landschaft handelt, kommt man da nicht weit. Man muss noch
einmal jene von Scharoun zitierten Parkschöpfungen, die für
die neuen Sichtweisen Pate standen, Revue passieren lassen, um
ihren Augenpunkt zu treffen.

Die Englischen Landschaftsparks hatten der Architektur
bereits eine völlig andere Rolle als im Französischen Garten
zugewiesen. An der Funktion der Schlösser kann man es am
leichtesten ablesen. Waren sie vorher der Ausgangs- und der

Fluchtpunkt geometrischer Gartenanlagen, so wurden sie von englischen Gärtnern später fast zur Staffage degradiert. Mit der überraschenden Konsequenz, dass sie sich nun in Fluchtpunkte bildnerischer Blickachsen verwandelten. Schlösser verloren zwar ihre vormals herausgehobene Funktion majestätischer Sichtbarkeit und mussten sich in Zukunft die Aufmerksamkeit mit anderen Gebäuden, seien es Kirchtürme oder schmucke Villen, teilen, doch dafür durften sie zum Ausgleich die Funktion versehen, romantischen Naturvorstellungen zur Zierde zu gereichen.

Als hätten sich die Architekten, die die Konzeption des Landschaftsgartens zur Stadtlandschaft erweiterten, für ihre vormalige Degradierung rächen wollen, setzten sie die Natur von nun an gleichsam unter Druck. Man könnte sogar sagen, sie unterwarfen sie, wenigstens konzeptuell, ihrem Gestaltungswillen. Es schien ihnen nicht genug, den Gedanken der Ausstaffierung der romantisierten Natur mit einzelnen Bauten zu übernehmen. Sie setzten noch eins drauf und erklärten Teile der Natur selbst zur Architektur. Man möchte es wirklich nicht glauben, aber so dürfte es gewesen sein, sonst verstünde man nicht das Vorgehen Scharouns an diesem neuralgischen Ort, zu dem das Kulturforum geworden ist – ob mit oder ohne Gäste-Haus.

Aus dem Zerfall der Urbanität im 19. und frühen 20. Jahrhundert leitete Scharoun jene Vorstellung ab, die letztlich zu Philharmonie und Staatsbibliothek führte. Die zunehmend paganisierten Städte hatten längst ihre Silhouette mit dem Kirchturm in der Mitte eingebüßt und sich zu unüberschaubaren Agglomerationen aufgeplustert. Nach Scharouns Worten musste man, um überhaupt zu einem Zentrum zu gelangen, erst die Vororte wie einen langen Tunnel durchqueren. Besonders in einer Millionenstadt wie Berlin. Da aber sakrale Bauten, die früher die Zentren bestimmt hatten, nicht mehr zentrumsbestimmend waren, verfielen die Architekten auf eine überkandidelte Idee. Der immensen Ausdehnung der Stadt entsprechend, erklärten sie ihrerseits großflächige naturalisierte Gebiete zu neuen Mittelpunkten.

Im vorliegenden Fall, im Fall des damaligen Westberlin, traf es den Tiergarten. Scharoun bezeichnete ihn als eine geräumige architektonische Plastik. Sie breitete sich mitten im kulturellen Funktionsband, das sich von der Spree durch die Metropole zog, aus. Am Kulturforum senkte sich die Plastik auf der einen Seite zur Philharmonie, auf der anderen zur Staatsbibliothek. Und diese Bauten senkten sich wiederum beide zu ihrem Flusstal hinab, während innerhalb der Gebäude die nämliche Struktur dominierte. Ganze Stadtteile sollten sich wie Wald und Wiese, Berg und Tal, auch wie Berg und See verhalten. Daraus erhellt, dass nicht nur die Natur in der Architektur aufging, auch die Architektur wurde naturalisiert, und beide ergänzten sich zu dem, was sie umfasste: zum Ensemble einer, in unserem Fall kulturell geformten, organischen Stadtlandschaft.

Man sieht, wie sich das Konzept der in Zonen aufgeteilten Großstädte mit dem der Stadtlandschaft verträgt. Erkennbar ist ebenfalls der Wille, die Unübersehbarkeit moderner Stadtstrukturen in überschaubare, dem menschlichen Maß entsprechende Einzelstücke aufzugliedern – eine eigentlich durchaus logische Ableitung aus der urbanen Entwicklung. Dass Scharoun deshalb eine grundlegend andere Auffassung von Ensemble hatte, liegt einmal mehr auf der Hand. Ähnliches ist von seiner Auffassung der Harmonie zu sagen – von der des Organischen ganz abgesehen. Diese scheint jedoch die zuvor genannte geistig zu überwölben.

Anlässlich der Ausstellung *Berlin plant* vom September 1946 sprach Scharoun nicht nur von der Organform eines Bauwerks – nichts anderes hätte man erwartet –, sondern auch von der Organform einer Stadt. Selbst bei ihr machte er nicht Halt. Sie galt es noch zu überbieten, um die nächst höhere Instanz miteinzubeziehen: die ganze Gesellschaft. Auch sie sollte dieser Form gehorchen und organisch werden. *Aus Natur und Gebäuden*, so die Summe, die der Vortragende aus seinen Erwägungen zog, *aus Niedrigem und Hohem, Engem und Weitem* werde schließlich *eine lebendige Ordnung* hervorgehen, die dem *Geheimnis der Gestalt* auf die Spur komme.

Hier taucht sie wieder auf, die Gestalt, die Aufgabe des *Gestaltanliegens*, die Scharoun zeitlebens am Herzen lag. Dieses Gestaltanliegen sei *eine Sache des Geistes*, heißt es 1954 in Hamburg bei einer Preisverleihung. Die *Gestalt* geisterte seit den frühen zwanziger Jahren als Geheimnis in seinem Kopf herum. Sie ließ ihn bis zuletzt nicht los. Mit ihr wollte er zur Urform vordringen.

Ein Architektentraum, der sich realisieren sollte. Als organische Form des Kulturforums ist er zu seinem Vermächtnis geworden und nun zum Problem der Preisrichter von heute. Da sie seinen Begriff des Ensembles stillschweigend übernahmen, stehen sie vor der selbst gestellten, aber schier unlösbaren Aufgabe, *die Ensemblewirkung und die frei gruppierten Baukörper in der Balance (zu) halten.* Wie soll das gehen? Oder gibt es vielleicht doch eine Lösung?

***

Wer das gesamte Leben einer einzigen Form unterwerfen will, ist ein politischer Fantast. Als Fantasma gleicht es zwar nicht dem, das gut zwölf Jahre zuvor ebenfalls einen Architekten heimsuchte, auch wenn er, gemessen an Scharoun, ein blutiger Laie war. Aber ein Geschmäckle hat es schon. Architekten sind nicht immer, aber spätesten seit dem 18. Jahrhundert große Revolutionäre gewesen. Da geht es gern und gleich ums Ganze. Wer aus einer einzigen Form das Prinzip für eine ganze Gesellschaft ableitet – ist der nicht dem Größenwahn verfallen?

Diesen Vorwurf kann man Scharoun womöglich nicht ersparen. Da beginnt das von ihm propagierte Organische von ferne dem zu ähneln, wogegen er doch so selbstbewusst zu Felde gezogen war: dem befehlsmäßig Durchorganisierten aus der Zeit des Nationalsozialismus. Nur, dass es keinen Befehl dazu gab – bloß einen Wunschtraum.

Hoffentlich ist die letzte Passage übertrieben formuliert. Vielleicht war es nur der Traum von einer formierten Gesellschaft, einer Gesellschaft, die insgesamt der Kunst gehorchte, so, als wären alle um eine gemeinsame Kultstätte gelagert, die sie verzaubert, die sie in Bann hält. Als säßen sie allesamt in den von ihm, von Hans Scharoun errichteten Gebäuden.

Solche Gebäude finden wir am Kulturforum vor. Ob nun eines davon bislang ausblieb oder nicht – sie summieren sich zu keinem harmonischen Ensemble, wie wir es heute verstehen. Ihr Geist ist ein anderer. Ihnen fehlt etwas, was Gerwin Zohlen in seinem Buch *Auf der Suche nach der verlorenen Stadt* sehr prägnant am Beispiel des mit städtischem Grün durchzogenen Berliner *Hansaviertels* erörtert hat – ihnen fehlt ein Tisch: Ihre Häuser stehen als einzelne um ihn herum wie eine Gesellschaft, die sich gerade an ihn setzen wollte, nur dass eine magische Kraft den Tisch aus ihrer Mitte entfernt hat.

Das eindringliche Bild stammt von Hannah Arendt, die damit die öffentliche Sphäre in der spätbürgerlichen Gesellschaft charakterisierte. Cum grano salis lässt es sich auf das Forum übertragen, auch wenn die vorgeschlagene Piazza das Fehlen eines Tisches erträglicher machen könnte. Zu größerer Kommunikation wird sie wohl führen, nicht aber dazu, dass sich das Forum etwa zu einem Publikumsmagneten wie beispielsweise der Potsdamer Platz entwickelt.

Solange es selbst diese Piazza nicht gibt, komme ich auf die terrassenähnlichen Balkone von Philharmonie, Kammermusiksaal und Staatsbibliothek zurück. Die Konzertbesucher nehmen sie schon in Beschlag. Nur aus der Staatsbibliothek winkt noch niemand am Abend herüber. Dazu müsste sie ihre Öffnungszeiten verlängern. Nicht nur das. Ihr fast die gesamte Frontseite zierender Balkon ist, wie gesagt, vollständig von Unkraut überwachsen. Bis zu einem Meter hoch und höher. Ein jammervoller Anblick! Unter einer neuen Führung würde ich mich subito dazu verdingen, das Unkraut ganz alleine auszurupfen, um dieses Gebäude eines modern interpretierten nouveau baroque nach außen hin kommunikationsfähig zu halten. Über freigelegte Blickachsen – wie romantisch! All das dem genialen Architekten zuliebe.

Ihm verzeihe ich alles. Als täglicher Besucher seiner berlinischen Biblioteca Apollinis gerate ich immer wieder, wenn die Abendsonne zwielichtig durch die Lamellen bricht und den barockartig geweiteten Raum der Leselandschaft göttlich erleuchtet, in Verzückung. Da ist die ominös outrierte, der ganzen Gesellschaft absichtsvoll verpasste Organform schnell vergessen, gerade weil ihr Prinzip am Ort selbst so große Triumphe feiert.